傳播學是什麼

是什麼
What Is Communication

郭光華◎著

目 錄

1. 帶你進入傳播學

　　傳播指的是人與人關係賴以成立和發展的機制——包括一切精神象徵及其在空間中得到傳遞、在時間上得到保存的手段。它包括表情、態度和動作、聲調、語言、文章、印刷品、鐵路、電報、電話以及人類征服空間和時間的其他任何最新成果。

　　　　——[美]庫利（Charles Horton Cooley）：
　　　　　　《社會組織》

　　傳播學是在近四十多年來報刊、廣播、電視等事業大發展的背景下發展起來的,它的主要研究是與大眾傳播媒介有關的問題,是資訊由點到面的傳播中的問題,故譯爲傳播、傳播學。用於個人間或兩方面交換意見時,則譯爲交流。傳播學研究的是人與人的關係,以及與他們所屬的集團、組織和社會的關係;研究人們之間分享資訊的關係;謀術資訊、勸説、指導、娛樂;研究他們怎樣相互影響和受影響;告知他人和被他人告知;教別人和被別人教;娛樂他人和享受娛樂。

　　——[美]偉伯·施蘭姆(Wilbur Schramm):《傳播學概論》

1.1 傳播與你形影相隨——什麼是傳播

「傳播」這一概念，是從英語Communication翻譯過來的。其主要含義有：通信、傳送、交流、交往、交通、傳染等。

在日常生活中，傳播猶如影子時時都與我們相伴。清晨起來你對著鏡子梳妝打扮，對自己說「我今天氣色不錯」，這是傳播；上班的路上，你見到熟人揮手致意，這也是傳播；來到辦公室，你與同事交談，對外打電話等，都是傳播。傳播無處不在，無時不有。

美國著名的傳播學家施蘭姆（又譯宣偉伯）在《傳播學概論》一書中，舉了這幾個例子來說明人類日常生活中的傳播：

一名司機在研究一份公路路線圖。

一名警衛的喊聲從黑夜裏傳來。

一個交通指揮燈由紅色變成綠色。

顯像管閃閃發光，我們看到三個新聞記者正向美國總統提出一些有禮貌的問題。美國總統隔著他們的肩頭向我們發表講話。

這位姑娘十三歲，金黃色頭髮，碧藍色眼睛，圓尖臉。男孩長得又高又瘦，像一般在十三歲那個年紀的男孩一樣，四肢顯得特別長。他向姑娘走過去，臉脹得通紅。他說：「琳達，你願意……」說到這裏他難為情地停下來。姑娘朝他微微一笑。她說：「我願意。」

一個男子買了一份日報，登上一列郊區火車，找了個

座位，然後坐下來閱讀黑字標題下的消息。

這些都是傳播行為。復旦大學張國良先生說得好：「什麼是傳播？答案只需加一個字，即什麼都是傳播。」[1]

「什麼都是傳播」，表明了傳播具有廣泛性、普遍性特徵。但這只是從概念的外延入手來說明。美國社會學家庫利在一九〇九年出版的《社會組織》中專設「傳播」一章，並為「傳播」下了一個著名的定義：「傳播指的是人與人關係賴以成立和發展的機制——包括一切精神象徵及其在空間中得到傳遞，在時間上得到保存的手段。它包括表情、態度和動作、聲調、語言、文章、印刷品、鐵路、電報、電話以及人類征服空間和時間的其他任何最新成果。」這一定義強調了傳播的社會互動性，人們透過傳播保持著相互影響、相互作用的關係。

資訊科學的誕生，讓我們進一步明確了傳播的性質。著名的傳播學家施蘭姆在〈傳播是怎樣運行的〉一文中提出：當我們從事傳播的時候，也就是試圖與其他人共用資訊——某個觀點或某個態度。因此，傳播至少有三個要素：信源、訊息和信宿。

通俗地說，傳播無非是資訊流通的過程。在這裏，信源即資訊的源頭，訊息即資訊的內容，信宿則指資訊的接受者。這三個要素，可以組成一個完整的傳播活動。請看下面這則「秘聞」〈季辛吉作媒〉：

> 季辛吉堪稱本世紀的談判大師。一次，季辛吉為一位貧窮老農的兒子作媒。他對老農說：「我已經為你物色了一位最好的兒媳。這姑娘是羅斯切爾德伯爵（歐洲最有名望的銀行家）的女兒。」

老農說：「嗯，如果是這樣的話……只怕別人看不上我兒子。」

於是季辛吉又找到羅斯切爾德伯爵說：「我為你女兒找了一個萬裏挑一的好丈夫。」

羅斯切爾德伯爵忙婉拒道：「我女兒還太年輕。」

季辛吉說：「可這位年輕小夥子是世界銀行的副行長。」

「嗯……如果是這樣……」

季辛吉趕忙又去找到世界銀行行長說：「我給你找了位副行長。」

「可我們現在不需要再增加副行長。」

季辛吉說：「你知道嗎？這位年輕人是羅斯切爾德伯爵的女婿。」

於是世界銀行行長欣然同意。季辛吉促成了這椿美滿的婚姻，讓農夫的窮兒子搖身一變，成了金融寡頭的乘龍快婿。

能說善辯的季辛吉無疑是傳播大師。他這一「信源」，分別向三個「信宿」傳遞不同的資訊，最終促成了一椿在一般人看來完全是無指望的婚姻。季辛吉傳遞的資訊顯然具有「提前量」——將一個他構想的事實當成既成事實在傳播。奇妙的是，他傳遞的資訊構成均被「信宿」——三位資訊的接受者接受。這就是一個完整而成功的傳播範例。

傳播活動無處不在，形式紛繁。我們可以按其方式和內容，將傳播分為四種類型：自身傳播、人際傳播、組織傳播、大眾傳播。

什麼是自身傳播？我們先看魯迅先生《阿Q正傳》中的一段描寫：

> 阿Q在形式上打敗了，被人揪住黃辮子，在壁上碰了四五個響頭，閒人這才心滿意足的得勝的走了，阿Q站了一刻，心裏想，「我總算被兒子打了，現在的世界真不像樣……」於是他心滿意足的得勝的走了。

阿Q的「得勝」，魯迅先生稱之為「精神勝利法」，也就是說，他「在形式上」是被他人打敗了，但他同時在精神上獲得了解脫。我們彷彿看到，一個善用「精神勝利法」的阿Q，正在安慰一個挨了打的阿Q。這一情形，就可視為自身傳播。

按施蘭姆關於傳播的三要素說，傳播中的信源與信宿兩個要素在自身傳播中似乎完全重合了，這還算傳播嗎？

其實，自己向自己傳播資訊的情況是極為常見的。如引用一些格言自我勉勵，找出一些理由來說服自己等等即是。這是「主我」（I）同「客我」（Me）之間的資訊交流活動。顯然，「主我」即信源，「客我」即信宿，「主我」向「客我」的暗示內容，即傳播中的訊息了。

自身傳播既是人的自我需要，也是人的社會需要，是自覺主動地適應周圍環境而進行的自我調節。美國社會心理學家布魯默（H. H. Blumer）在一九六九年出版的《象徵互動論》一書中認為，人是擁有自我的社會存在，人在將外界事物與他人作為認識對象的同時，也把自身作為認識的對象。這就是自我互動。在自我互動過程中，人腦中會出現他人是如何期待自己「應當怎樣」的印象，在這一基礎上再根據自己的情況，知彼知己，調整自身的行為。這中間就離不開自身傳播。透過自身傳

播，人能夠在與社會、他人的聯繫上，認識自己、改造自己，不斷實現自我完善及與社會的協調。

什麼是人際傳播呢？人際傳播是指個人與個人之間發生的資訊溝通活動。它包括兩種形式：一是面對面的交談，二是透過某些仲介如電話、電報、電傳等手段進行交流。

面對面的人際交流是人類交往中最基本和最主要的傳播形式，它也是人類交往中最早的傳播形式。這種傳播形式最大的特點就是直接和互動。直接即傳播不需借助仲介，除了語言所傳遞的資訊外，交流雙方的表情，說話的聲調感情色彩等，都參與傳播，成了傳播資訊的重要組成部分。我們常說要注意察言觀色，就是說在人際傳播中，不僅要聽傳播者在說什麼，還要注意他的說話口氣、面部表情。

這樣，面對面的交流中，傳播者和接受者之間傳遞的資訊，除了憑耳朵接收到的資訊外，還有透過眼睛、鼻子等感官接收到的非語言資訊。美國學者霍爾（Stuart Hall）根據傳播者與接受者之間溝通時的空間距離所傳遞的資訊，建立了「近體學」理論。他認為，交流雙方的姿勢和性別，面對面或遠距離相對的位置、活動範圍、瞭解的程度、社會地位、觸摸的量度、視覺密碼（互相直視）和熱量密碼（對方散發的熱量）及嗅覺密碼（香水等氣味）、嗓音音量等等，都在參與資訊傳播。而這些，只有在面對面的交流中才有可能，在其他方式的傳播中，是無法實現的。可以說：「人際傳播是真正意義上的『多媒體』傳播。」[2]

面對面交流的第一個特點就是資訊能得以直接即時反饋。反饋一詞，在傳播學中是指接受者在接收到傳播者發出的資訊後做出反應，這一反應資訊又回到資訊傳播者那裏，傳播者透

過獲取這種資訊瞭解到接受者對資訊傳播的要求、願望、評價、態度等，進而對下一步的傳播行為做出調整。當你同別人交談時，你說的話對方頻頻點頭，你可能越說越起勁；如果你說的話令對方不悅，你可能會對說話內容或方式做出調整。我們將前者稱為資訊的正反饋，後者則稱為負反饋。正反饋對傳播行為產生激勵作用，負反饋則表明要對傳播行為做出修正。「酒逢知己千杯少，話不投機半句多」，正是面對面交流這一雙向互動過程的正反兩種情況的寫照。

人際傳播中還有一種方式，即透過仲介的間接傳播，如寫信、打電話、發電報等。隨著傳播技術的發展，這種傳播方式越來越普遍常見。二○○三年二月，中國廣東省發現嚴重急性呼吸道症候群（SARS）疫情，一時間，疫情資訊傳遍全國。手機簡訊是主要傳播途徑，據廣東移動的簡訊流量資料統計：二月八日，共四千萬條；九日，四千一百萬條；十日，四千五百萬條……

比起面對面交談來，這種傳播方式由於隔著一個「仲介」即媒介，資訊內容的傳播毫無疑問會受到一些制約，比方說，書信傳播就只能憑藉文字符號，表情等非語言資訊就難以傳播，並且傳受雙方無法得到即時的資訊反饋。電話傳播就只能聞其聲，不能見其人。有一則外國故事說，一個貧困潦倒的青年在情人節想向他在異地的女友發電報，起草好電文後才發現，因為手頭拮据，缺了三個字的電報費。於是只好將稱呼前的「親愛的」三字去掉。而電話營業員認為刪去這三字會影響傳播效果，便自己掏腰包給這位青年補上了這三個字。在營業員看來，由於不是面對面交流，情人之間無法以眉目傳情，這三個字至少可以部分地起到些彌補的作用。人類為了克服媒介

傳播造成的「隔閡」，總是千方百計改進傳播手段。近些年來發明的視訊電話，讓傳受雙方既可聞其聲，又可見其人（圖像），但還是不如面對面交流那樣可以感受到熱量密碼和嗅覺密碼。

什麼是組織傳播呢？我們知道，組織是人類社會協作的一種群體形態。它是一個結構秩序更為嚴密的社會結合體。我們通常所說的政府組織、政黨組織、工會組織、群眾組織等均是。組織傳播，就是組織所從事的資訊活動。

組織傳播可分為兩類，一是組織內部的傳播，二是組織的對外傳播。

從傳播學的角度而言，組織本身就是一個資訊系統。組織內部的傳播是維繫組織內部正常運行的資訊紐帶。其傳播途徑和工具通常有會議、文件、電話、電腦網路系統等等。這些我們都不陌生。但你聽說過撲克牌也可作為組織內部傳播的工具嗎？二〇〇三年四月，美英聯軍攻下伊拉克首都巴格達，四月十二日，美軍將通緝的哈珊政府五十餘名高官的照片和個人資料印在卡片上，做成撲克牌，發給前線作戰的士兵，希望利用「撲克牌通緝令」盡快搜尋、俘獲這些伊拉克高官。此舉極大地方便了執行任務的士兵。世人對這種「寓緝於樂」的傳播方式，也產生了極大的興趣。從傳播技術層面來說，這無疑是一大創舉。

從資訊流向來看，組織內部傳播又可分為上行傳播、下行傳播與平行傳播三種。一個從事秘書工作的人，每天都要處理大量的公文。公文中有請示、報告等上行文件，它們是下級部門向上級部門表達願望、彙報情況的文件，這就是上行傳播。上級部門向下級部門發布命令、通知指示、批覆等下行文件，傳播了上級對下級的指令，這是下行傳播。還有同級部門之間

交流資訊、協商事項的簡報、發函等，這是平行傳播。

　　組織的對外傳播是組織向外的一種資訊輸出活動。這對於外界瞭解組織的相關資訊十分重要。比方說，你想報考某一所大學，你會去查閱這所大學的招生簡章；你想瞭解某個產品的情況，你可以去閱讀有關的商品廣告和產品說明書。如此等等，你所接觸的便是有關組織對外傳播的資訊。

　　最後，我們來瞭解一下什麼是大眾傳播。

　　我們每天接觸的報紙、雜誌、廣播、電視、網路等傳播媒介，就是大眾傳播媒介，透過這些大眾媒介的傳播活動，就是大眾傳播了。

　　透過對前面三種傳播方式的討論，我們不難發現，按參與傳播活動的人數規模來看，這是一個遞增過程：即自身傳播人數最少，其次是人際傳播，再次是組織傳播。依此類推，大眾傳播當是人數規模最大的傳播活動了。

　　四種傳播類型中，數大眾傳播出現最晚。這與人類交往活動的規模有關，更與現代傳播技術的發明有關。以最先出現的大眾媒介——報紙為例。從技術上來看，它依賴於印刷術的發明與郵政事業的出現。從社會需求看，由於人類社會在政治、經濟、文化等方面的交往活動日益頻繁，人們對外部世界各種資訊的需要也日趨強烈。這樣，有技術條件的支持，有社會的需求，報紙就應運而生了。後來出現的廣播、電視、網路莫不如此。

　　大眾傳播是一種專業化的資訊傳播，大眾傳播中的傳播者是從事資訊生產和傳播的專業化媒介組織。這些媒介組織包括報社、出版社、通訊社、廣播電臺、電視臺、網站等等。在這些組織中供職的，就是我們所熟悉的記者、編輯等。

　　借助現代傳播技術，大眾傳播媒介每時每刻都以最快的速度，向我們提供世界上所發生的新聞事件的資訊，其傳播速度之快，傳播範圍之廣，資訊量之大，是任何其他傳播類型無法可比的。大眾傳播是如此廣泛而深刻地影響著我們的生活，以至於我們常常感嘆我們的生存方式已發生了根本性的變化。

　　有兩則寓言，一般的中國人恐怕都耳熟能詳：一是「葉公好龍」，一是「鄭人買履」。寓言中葉公與鄭人都成了被人們嘲笑的對象，而在今天這個大眾傳播對社會有著巨大影響的時代，他們的行為恐怕就不足為怪了。

　　葉公好龍之甚，以至於牆上畫龍，柱子上雕龍，家中到處都是「龍」。但真龍來了他為何又懼之？人家說他是假好龍，好假龍，其實，他從一開始就未接觸過真龍，他在虛擬的龍的世界生活慣了，忘了世界上還有真龍存在。

　　鄭人買履之迂，在家中就度量好自己的足長，跑去買鞋。因把準備好的「度」忘在家中，匆匆趕回去取之。人家嘲笑他寧信「度」不信足，在今天看來，他是得「度」忘足了。

　　葉公與鄭人都是那種習慣生活在虛擬世界的人，依賴媒介生活的人。他們與現實生活之間的聯繫，還隔著某種類似「度」的東西。現代人的「媒介化生存」方式，與此有著驚人的相似之處。現代人對大眾傳播媒介的依賴程度與葉公鄭人相比，可以說是有過之而無不及。人們透過媒介獲取和交流資訊，產生認同，獲得能力，展開想像。正如一些社會學研究者指出的那樣，大眾傳播媒介已經同水、陽光、空氣一樣，構成了人類的生態環境。

1.2 海納百川，有容乃大──什麼是傳播學

　　人類的傳播活動可以說是與生俱來的，無處不有的。人們對傳播現象的關注與研究也可謂從古至今，源遠流長。在西方，古希臘的亞里斯多德特別注重說話修辭的研究。他在《修辭學》中提到「說話的人」、「所說的話」、「聽話的人」，與今天傳播學中「傳播者」、「傳播內容」、「接受者」這些要素完全一致，可視爲是對傳播活動最早的較爲系統的考察了。在中國，早期對傳播活動的關注，突出地體現在關於道德教化的傳播研究中。從道德傳播的角度出發，對傳播者、接受者及傳播內容與技巧都有過相關的論述。關於傳播者，孔子說：「有德者必有言，有言者未必有德。」又說：「其身正，不令而行；其身不正，雖令不行。」關於接受者，孔子說：「君子喻於義，小人喻於利。」關於傳播內容與技巧，孔子告誡人們「非禮勿視，非禮勿聽，非禮勿言，非禮勿行」，「文以載道」、「寓教於樂」，如此等等。古人的這些研究在今天仍然有借鑒意義。

　　西方心理學家艾賓浩斯（Hermann Ebbinghaus）稱心理學是一門「雖有漫長過去，但僅有短暫歷史」的新興學科，這一名言完全可以用來描述傳播學這一學科。人類對傳播現象的關注與研究雖爲時久遠，但這些都只可視爲是一個漫長的孕育階段。傳播學作爲一門獨立學科分娩於世，其誕生時間是一九四〇年代，誕生地點在美國。

　　探究傳播學誕生的原因，社會的需要、科技的支持和實證的方法這些因素是不得不考慮的。

　　社會的需要可以從政治、經濟、軍事等方面來考察。

　　從政治原因來看，我們都知道，美國的選舉是其政治生活中的大事：上自國家總統，下至地方長官，都由選舉產生。四年一次的總統大選，特別令國人乃至世界矚目。競選人爲了贏得多數選票，總是努力尋找最佳的方式，運用最佳的策略，研究最佳的傳播技巧，展開最爲有效的傳播。受此推動，人們對傳播問題展開了深入研究，自然就促成了傳播學的形成。如傳播學創立者之一的拉查斯斐（Paul. F. Lazarsfeld），就是在研究大選中的傳播活動時，提出了傳播學的經典理論「兩級傳播」說。

　　從經濟原因來看，美國的市場經濟模式，是傳播研究不竭的市場需求。在美國，爲了爭奪商業市場，商品的廣告宣傳是必不可少的。商家爲了有效地推銷產品，就需要成立廣告部、公關部這樣的專門性機構，同時也需要廣告學、公關學這樣相應的理論來指導這類傳播行爲。而廣告學、公關學理論的廣泛深入研究，又直接或間接地推動了傳播研究的發展。同時，爲企業提供資訊服務的傳播機構，很容易得到企業資本的青睞，在企業與傳媒的互動下，商業利潤刺激著傳播研究的深化，傳播學就在這市場的需求與金錢的培育下應運而生了。

　　從軍事原因來看，美國在兩次世界大戰中都扮演了重要角色。這兩次世界大戰把傳播學研究的任務現實地提到人們的議事日程上。比如，戰爭中如何進行心理戰，如何瓦解敵人的戰鬥意志，如何鼓舞自己的士氣等等，都成了非常緊迫的研究課題。傳播學的四大先驅之一——拉斯威爾（Harold D. Lasswell）

的博士論文《世界大戰中的宣傳技巧》，就是研究第一次世界大戰的宣傳問題。四大先驅中的另一位——賀夫蘭（Carl Hovland），在「二戰」中直接受美國軍方的委派，帶領一批學者，對傳播技巧和傳播效果的問題，進行針對性的大規模研究，爲傳播學奠定了雄厚的理論基礎。

如果僅有社會的需要而沒有科學技術的支持，傳播學誕生的條件尚不充足。這恐怕正是傳播活動和傳播研究雖源遠流長卻一直未形成獨立學科的重要原因。

從古老的傳播活動進化到現代的傳播活動，科技的發展大大張揚了傳播的影響力。現代化的印刷技術和交通工具，使得印刷媒介的傳播範圍和傳播速度都大爲改善，尤其是一九二○年代興起的廣播和一九四○年代興起的電視，完全是以電子速度在傳播資訊。這些大眾媒介的相繼問世，大大改變了人們的生存方式。使得人們越來越關注傳播問題，越來越重視傳播研究。遙想當年李白乘一葉扁舟從長江順流而下，其速度之快，令他驚喜不已，不禁寫出了「朝辭白帝彩雲間，千里江陵一日還，兩岸猿聲啼不住，輕舟已過萬重山」這樣的讚美詩。而二十世紀上半葉出現的高速度的交通工具和資訊傳播技術，自然更是令人驚歎、令人思索。傳播學在這個現代傳播技術興盛之際誕生，正應了中國的一句古詩：「好雨識時節，當春乃發生。」

最後還有學科自身演進的原因。在過去相當長的一段時期裏，傳播研究隱約分散在社會學、政治學、心理學等學科的研究中，其中尤以社會學的研究爲甚。社會學從歐洲傳入美國後，獲得了空前的發展壯大。可以說，美國社會學的繁榮及基本走向爲傳播學之最初發展奠定了基礎。美國社會學的經驗主

義方針對傳播學的定向具有深遠影響，美國社會歷史的特殊情景，使得人們對經驗性、應用性問題的興趣具有壓倒優勢的傾向。經驗主義的研究方法如民意測驗、實驗研究、實地調查和資料統計等等，被美國的傳播學家廣泛運用，得心應手，成果累累。

綜上所述，傳播研究已有自己專門的研究對象和研究方法，它作為一門獨立的學科問世，已經是水到渠成的事了。

在傳播學的創立和形成過程中，出現了一大批優秀人物。施蘭姆有一個妙喻：傳播研究領域好比是一塊未經開墾的「綠洲」，吸引了各個學科的無數學者來此辛勤耕耘。這些學者中，最主要的是拉斯威爾、盧因（Kurt Lewin，又譯勒溫）、拉查斯斐、賀夫蘭和施蘭姆，他們被公認為傳播學的奠基人。

拉斯威爾（1902-1977）是美國著名的政治家。他一生從事政治學研究，特別關注政治宣傳和傳播問題，他的博士論文《世界大戰中的宣傳技巧》成了傳播學的一篇經典文獻。一九四八年，他發表了一篇題為〈社會傳播的結構和功能〉的文章，被認為是傳播學的獨立宣言。在這篇文章中，拉斯威爾提出了著名的五個 W 的傳播模式，即一個傳播過程包含五大要素：who（誰）、say what（說了什麼）、in which channel（透過什麼管道）、to whom（向誰說）、with what effect（有什麼效果）。在分析了傳播的五個要素之後，拉斯威爾又提出了與之相對應的五項傳播研究，即控制研究、內容分析、媒介分析、受眾分析和效果分析。這五項研究，彷彿是拉斯威爾描繪的一張構築傳播學大廈的藍圖。

盧因（1870-1947）是美籍德國社會心理學家。他對傳播學的主要貢獻是建立了「群體動力學」和「場論」。盧因認為，一

個群體就像一個場，應當視其爲一個整體，而不能把它看成是形成群體的那些個體的簡單相加。在群體與個體的關係中起決定作用的是群體而不是個體。群體會受到其中每個個體成員的心理因素的影響，但更爲重要的是個體必須受所屬群體的制約。這一認識對理解傳播效果的產生很有啓示：要透過傳播來改變一個人的觀念、認識和態度，首先就應當從他所屬群體的價值規範上尋找突破口，否則就難以成功。

拉查斯斐（1901-1976）是美籍奧地利社會學家和心理學家。他在傳播研究方面的傑出成就之一，就是提出了著名的兩級傳播理論。一九四○年，他在對美國總統選舉的投票中發現，大多數選民獲取資訊並接受影響的主要來源，並不是大眾傳播媒介，而是一小部分其他選民。這一部分人與媒介關係非常密切，對有關事態瞭如指掌，很多選民是從他們那兒間接獲取有關競選的情況和看法的。這一小部分人在形成和引導輿論中起關鍵作用，拉查斯斐稱之爲「輿論領袖」。兩級傳播理論揭示的是：資訊先由大眾媒介傳播到輿論領袖，再經輿論領袖擴散給社會大眾的過程。

賀夫蘭（1912-1961）是美國社會心理學家。一九四二年，他應召組建耶魯大學心理學家小組，參加美國陸軍部的軍人思想訓練計畫和作戰心理研究。由此而展開的勸說理論的研究，對傳播學的發展產生了很大影響。賀夫蘭的研究屬於實驗法。他把不同的人作爲實驗標本，將他們分成自然組和控制組，採用控制實驗的方法，將從兩組分別測試得到的內容加以比較，總結出一系列有關勸服藝術和傳播技巧的研究成果。他的研究從內容到方法上都大大豐富了傳播學的研究。

上述四人，人們常稱爲傳播學「四大先驅」。而我們在這裏

最後要提到的施蘭姆，則被公認是「傳播學鼻祖」、「傳播學之父」。

施蘭姆（1907-1988），美國傳播學創始人和集大成者。與上述四位學者不同的是，他不是從某個相關學科出發，為傳播學做出某個方面的貢獻，他是將他人的成果進行整理、提煉與綜合，勾畫出它的框架結構，使之系統化、完善化，從而成為一門獨立的學科。施蘭姆一生共寫有三十餘部傳播學論著，總計約五百萬言。這些著作大體分為兩類：一類是理論性的，一類是應用性的。傳播學理論研究、大眾媒介與國家發展等應用性問題，一直是他的主要研究重點所在。

傳播學作為一門獨立的學科，經過了相當長時間的孕育，終於在一九四○年代破殼而出。在孕育過程中，它廣泛汲取了相鄰學科的學術營養，復旦大學張國良先生將這些學科概括為兩大學科群 [3]：

行為科學（群）──包括社會學、心理學、社會心理學、政治學、宣傳學、新聞學、語言學、符號學等。

資訊科學（群）──包括資訊理論、控制論、系統論、數學、統計學等。

正如中國古人所說，「海納百川，有容乃大」，在廣泛接納多學科研究成果的基礎上形成的傳播學，不僅理論體系博大，而且有著旺盛的生命力，彷彿根深葉茂的大樹，鬱鬱蔥蔥，秀之於學術之林。

1.3 傳播過程的描述──傳播模式

　　我們已經知道，傳播就是傳受資訊的過程。但是，這種過程是怎樣展開的？

　　傳播學家用不同的模式對這一過程做了形象的描述。分析這些不同的模式，可以為我們認識傳播活動提供一些有趣的啓發。

　　最早對傳播過程做出模式性描述的是拉斯威爾。一九四八年，他在題為〈傳播在社會中的結構與功能〉一文中，首次提出了構成傳播過程的五個基本要素，並將它們按照一定的結構順序排列，形成了後來人們稱之為「五W模式」或「拉斯威爾程序」的過程模式。這五個W分別是英語中五個疑問代詞的第一字母，即：

　　who 　（誰）
　　say what 　（說了什麼）
　　in which channel 　（透過什麼管道）
　　to whom 　（向誰說）
　　with what effect 　（有什麼效果）

　　後來，英國傳播學家丹尼斯·麥奎爾（Denis Mcquail）等將這個模式做了如下圖示：

五Ｗ模式的提出，將人們雖每天從事卻又闡釋不清的傳播活動，明確地表述爲五個環節和要素構成的過程。沿著拉斯威爾這一思路，形成了傳播學研究的五大領域，即「控制研究」、「內容分析」、「媒介分析」、「受眾分析」和「效果分析」，爲後人分門別類地深入研究開闢了廣闊的道路。

拉斯威爾提出的五Ｗ模式，將傳播學研究從海市蜃樓拉回到了可觸可感的「藍圖」中，其開創性意義功不可沒。但它的不足也是顯而易見的。

首先，他將傳播表述爲一種單向型的線性過程。這與實際情況是有差距的。設想一下人際傳播中，當別人向你傳遞一個資訊時，他說什麼你就照單全收嗎？你不想問問這個資訊可靠嗎？你不想對他說的話發表點評論嗎？行了，只要你對他發表意見，你就成了傳播者，他就成了接受者。兩人角色一變換，五Ｗ模式中標畫出的資訊的單邊流向也就發生了逆轉。

其次，拉斯威爾所描述的模式是一個封閉式的模式。傳播者所傳出的資訊，到接受者那兒，就不受一點外界的干擾嗎？假設有人告訴你某一資訊，但很快有第三者插嘴說這資訊不可靠，你就不會將這兩個聲音綜合起來考慮嗎？只要考慮了第三者的聲音，這一線性模式就受到了外界的干擾，封閉就被打破。

針對拉斯威爾模式中的封閉性弊端，資訊論的創始人申農

（Clavde Shannon）與他的同事韋弗（W. Weaver）在該模式問世的第二年，便做了一些修訂，提出了一個被後人稱之為申農—韋弗模式，用圖表示即是：

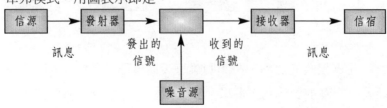

顯然，這一模式是根據電話電報等通信領域的傳播活動繪製的，但其意義可以擴大到探討一般的社會傳播過程。它向人們揭示，資訊從傳播者到接受者的過程中，會受到一種外部力量的干擾。申農看到了這一外部力量的負面效應，故將它稱為「噪音」。這樣，他就在拉斯威爾的封閉模式之外加入了一個分支。有了這「第三者插足」，資訊從傳播者到接受者那兒就不是那樣原封不動了。確實，電話裏時常會有噪音，其他傳播也一樣。如人際傳播中周邊的雜音干擾，電視中的圖像失眞等等。另一位學者布雷多克（Braddock）乾脆把這一外在因素擴展成資訊傳播的背景。他在對拉斯威爾模式修訂時，加入了「傳遞訊息的具體環境」，即在傳播活動中，應當考慮到資訊是在什麼情況下發生的，接收者是在什麼情況下接收和理解資訊的。在日常生活中，我們有時會對某些資訊產生誤解，就是因爲受到外界因素干擾所造成。

有一個成語，叫「郢書燕說」，它出自《韓非子·外儲說左上》記載的一個故事：

　　郢人有遺燕相國書者，夜書，火不明，因謂持燭者曰「舉燭」，而誤書「舉燭」。「舉燭」，非書意也。燕相受書而說之，曰：「舉燭者，尚明也。尚明也者，舉賢而任之。」燕相白王，王大悅，國以治。治則治矣，非書意也。

　　這個故事說的是古時候，有個人從楚國的郢都寫信給燕國的相國。這封信是在晚上寫的。寫信的時候，燭光不太亮，此人就吩咐在一旁端蠟燭的僕人把蠟燭舉高一點。可是，因為他在專心致志地寫信，嘴裏說著「舉燭」，也隨手把「舉燭」兩個字寫到信裏去了。 燕相收到信以後，看到信中「舉燭」二字，琢磨了半天，自作聰明地說，這「舉燭」二字太好了。舉燭，就是倡行光明清正的政策；要倡行光明，就要舉薦人才擔負重任。燕相把這封信和自己的理解告訴了燕王，燕王也很高興，並按燕相對「舉燭」的理解，選拔賢能之才，治理國家。燕國治理得還真不錯。

　　郢人誤書，燕相誤解。國家是治理好了，但根本不是郢人寫信的意思。後人以「郢書燕說」這句成語，比喻穿鑿附會，曲解原意。我們想一想，為什麼一個誤書的資訊會成為一個有用的重要資訊呢？這不是接受者理解時受到外在因素的影響嗎？

　　申農等人提供的傳播模式，打破了拉斯威爾模式的封閉性，但它還是一個單向的線性模式。也就是說，這一模式同五W模式一樣，只注意到了資訊從傳播到接受者的單向過程描述，而沒有注意到在傳播過程中，接受者對資訊所做出的反應會反饋到傳播者那兒，使得傳播者調整自己的傳播行為。一個

很簡單的事例，如你在同他人通電話時，聽不清對方說什麼，你會要求對方大聲點；而對方會根據你的要求，增大說話的音量。我們可以看得出來，這時的傳播，實際上是一個雙向互動的過程了。傳播者與接受者之間的角色是不斷變動的：當你聽對方說話時，你是資訊的接受者；當你向對方說話時，對方又成了資訊的接受者。如此往復，構成一個完整的傳播過程。因此將單向的線性模式補充成一個雙向的循環模式就很有必要了。這個模式，就是由奧斯古德（Osgood）同施蘭姆提出的，稱爲奧斯古德—施蘭姆模式，圖示如下：

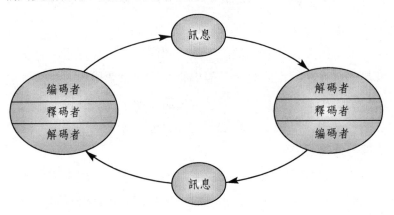

在這一模式中，傳播活動的雙方是對等的，行使著相同的功能，即編碼、解碼和釋碼。簡單地說，編碼功能類似於發射，解碼功能類似於接收。傳播中的任何一方，都是在不斷地做著編碼、解碼、釋碼的工作。

有學者認爲，「這一模式的出現，意味著與傳統的直線性／單向傳播模式的決然決裂。這個模式在描述人際傳播時特別

有用，但是對於沒有反饋或者反饋甚少的傳播卻不那麼合適。大眾傳播就是一例。」[4]

的確，大眾傳播不像人際傳播那樣面對面交流、資訊反饋來得那樣直接及時，但完全沒有反饋的傳播也是令人難以想像的。就說大眾傳播，不是每一個人閱讀報紙或收看電視後，馬上就一定會給報社或電視臺打電話、寫信、發表意見。但你沒有反映意見，不等於別人沒有反映；接收者不主動反映，傳播機構還會主動來調查瞭解獲取資訊反饋，如關於收視率的調查就是。一個聾子式的傳播者在生活中是難以和人交流的，同樣的，一個聾子式的大眾傳播機構，也無法有效地向大眾傳播。所以，在傳播模式的描述中，加上資訊反饋這一部分是十分必要的，儘管人們對傳播模式還有不同的描述，但都將開放性、雙向性作爲重要特徵保留下來。

傳播過程的模式描述，讓我們更爲清楚地看到了傳播活動的本質。當然，正如我們前面所說的，傳播的類型繁多而複雜，要找到一個完美的模式將它們描述下來，實在是勉爲其難。並且，人類的傳播方式是不斷發展演進的，現有的模式也應當要不斷發展改進，才能與之相適應。

註　釋

[1] 張國良，《現代大眾傳播學》，頁2，四川人民出版社，1998年版。

[2] 郭慶光，《傳播學教程》，頁85，中國人民大學出版社，1999年版。

[3] 張國良，《現代大眾傳播學》，頁35，四川人民出版社，1998年版。

[4] 丹尼斯·麥奎爾等，《大眾傳播模式論》，頁24，上海譯文出版社，1997年版。

2. 誰在傳播

　　在官方形式裏，報刊、電視、廣播的內容是由規定、條例和法令決定的。有些新聞媒介可能本身就是國營企業，有些可能受政府規定支配，還有些可能被一整套限制措施所操縱。沒有哪個國家能夠擺脫官方控制，所不同的則是來自於准許範圍內的自治程度的差異。在商業形式中，發自媒介內容反映廣告商及其商業夥伴的思想觀點……在利益關係形式裏，新聞媒介的內容反映金融企業、或政黨或宗教團體、或追求特殊目標的其他各類組織的利益。在非正式形式中，新聞媒介的內容則以反映親朋好友的利益為目的……

　　　　——[美]阿特休爾（Herbert Altschull）：
　　　　　《權力的媒介》

　　儘管我對話語做如此構想，但它並不是一個思考、認識並言說的主體莊嚴地進行的展示；相反的，它是該主體的消散以及該主體與其自身的不連續性可能得以確定的總體性。話語是外在性的空間，其中部署著一種由種種獨特地點所組成的網絡。

　　　　　　　——[法]傅柯（Michel Foucault）：《知識考古學》

2.1　超市與「把關人」──傳者的作用

　　我們每天透過各種管道接觸到的資訊難以數計，假如你是一個記者，你是否都會將這些資訊不加選擇地悉數傳播出去？顯然，誰也不會這樣做，也不能這樣做。

　　這就像我們逛超市。超市內商品貨物琳琅滿目，應有盡有，你每次總是從中選擇一些你認為最需要的帶回家去。一九四七年，傳播學家盧因在〈群體生活的管道〉一文中，考察和研究了家庭主婦在超市購物時是如何決定購買食物的。從超市貨架上選擇部分食物作為家庭餐桌的食品，家庭主婦的選擇就是一種「把關」行為。盧因在這裏首創了「把關」一詞，這是他從英文的「守門人」一詞化用來的。所以，人們也將把關稱為守門，稱把關人為守門人。盧因藉此來說明傳播活動中傳者對資訊的篩選和過濾。

　　我們知道，任何傳播活動都是一種有目的的行為。傳者在對資訊的選擇時總是要受他的意願影響。施蘭姆在《傳播學概論》一書中提到，一位研究者對一家郊區晚報的新聞編輯工作情況的考察報告。從清晨六時到午後一時，這位編輯處理了十一萬字的新聞，包括需要特別注意的五千字的當地新聞。最後，他從十一萬字中選用了兩萬字，從九十六張通訊社發的傳真圖中選中了十六張。就像現實生活中把守大門的警衛，他對想進入大門的人進行甄別，不相干的人被擋在門外，只有他認為可靠的、相關的人才被放行。施蘭姆舉出了許多例子來說明把關人對資訊的選擇：「在資訊網絡中到處都設有把關人。其

中，包括記者，他們確定一場法庭審判、一件事故或者一次政治示威中，究竟有哪些事實應該加以報導；包括編輯，他們確定通訊社發布的新聞中有哪些應該刊登，哪些應該拋棄；包括作家，他們確定有哪些類型的人物和事件值得書寫，什麼樣的人生觀值得反映；包括出版公司編輯，他們確定哪些作家的作品應該出版，他們的原稿中有哪些部分應該刪除；包括電視、電影製片人，他們確定攝影機應該指向哪裏；包括影片剪輯，他們在剪輯室內確定影片中應剪掉和保留哪些內容；包括圖書管理員，他們確定應該買些什麼書籍；包括教員，他們確定應該採用什麼樣的教科書和教學影片；包括負責彙報的官員，他們確定應該把哪些情況向上級彙報；甚至可以包括餐桌旁的丈夫，他們確定當天在辦公室發生的事件中，有哪些應該告訴妻子。」

　　就像家庭主婦專司家庭的食品採購一樣，把關人的行動主要是指職業傳播者的行為。人類出現專職的傳播者，與社會分工越來越細有關。職業傳播者的責任在於為全社會及時而大量地提供資訊，保證社會的正常運轉。另一方面，大量的資訊又很容易使資訊的接受者達到飽和狀態；而一旦達到飽和狀態，對新的資訊的獲取就很容易產生困倦。所以對資訊的篩選過濾是必要的。盧因的把關人理論一經提出，就引起了一些研究者的高度興趣。

　　美國學者懷特（D. D. White）的把關研究被奉為傳播學的經典研究之一。他是從一個個案調查開始，透過輸入資訊與輸出資訊對比，探討把關及把關過濾資訊。懷特邀請一位美國地方報紙的編輯合作，以一個星期為考察時段。他讓這位編輯把這一周內報社收到的所有電訊稿全部保留下來，這些通訊社的來稿就相當於這家地方小報的輸入資訊。同時，懷特又把報紙

在這一周內所選用的電訊稿統計出來。這些見報稿件就相當於該報的輸出資訊。結果表明，這位編輯一周裏共收到一萬一千九百一十條電訊稿，而他從中選用的不過一千兩百九十七條，占十分之一多一點，其餘的十分之九都被把關過程所淘汰。當被問及是什麼原因使這些電訊稿被捨棄時，報紙編輯回答有兩大理由：一是不值得登（占淘汰稿的40％）；二是已送登其他稿件（60％的淘汰稿遭此厄運）。懷特的把關研究圖示如下：

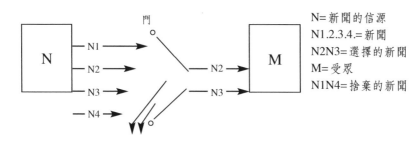

懷特的研究被稱爲懷特模式。這一模式生動形象地展示了把關的經過。但他過分強調把關者的個人權限，他對新聞彷彿操有生殺予奪的大權，他似乎完全可以依照自己的主觀好惡來隨心所欲地處理新聞。這一點，受到了後來一些學者的批評。

懷特模式展示的是傳播過程中一次把關行爲，事實上，在整個資訊流通的過程中，特別是新聞傳播過程中，存在著多次把關行爲。如一篇見報稿，最初是記者從生活中的大量資訊篩選過濾而來，然後可能經過編輯、版面主編、報社總編，甚至主管領導的層層把關審核，說不定在哪個環節上就可能被「槍斃」了。另一位傳播學家麥克內利（MacNelly）針對這一情況，提出了他的多級把關模式。用麥奎爾等人的話說，它「試

圖描述在新聞事件與最終的接受者（報紙讀者等等）之間存在的各種各樣的中間傳播者」。臺灣的傳播學者徐佳士的一段假想性的描述，可作爲麥克內利把關模式的具體說明：

假定一則新聞發生在俄國基輔，最後傳到基隆。第一個守門人就是親眼看見這新聞發生的那個人，他是看不見事情的全部的，他只能看見一部分，所以只能報導事件的一部分。第二個守門人就是向這位消息來源採訪的記者，他必須決定把哪些部分寫進他的新聞中，什麼地方該輕描淡寫，什麼地方該特別強調。他把稿子交給報社編輯（在這之前可能還要經過採訪主任），他要編這稿子，可能刪掉一些，可能改變一些。假如幸運的話，這條新聞得以刊載在基輔一家報紙上（不過拼版時遇見了一個技術上的守門人，因為拼不下去而可能切去最後面一段），引起美聯社駐在那裏的記者的注意，他決定把它寫成電訊，又得刪一點，或者加一點解釋，而且譯成英文，拍到美聯社駐莫斯科的分社，分社的編稿人如果決定採用，可能要把它縮短一點，或者考慮到俄國的新聞檢查標準，而必須改寫。

老天保佑，透過俄國的檢查員，這則電訊到達了美聯社紐約的總社，但只有當總社的編輯感到興趣時，才會把它編入對國內或對國外發布的電訊中，免不了有所刪改。過這關後，這條電訊在臺北中央社電務部一大排電傳打字機的一部中出現，也許由於第一句寫得引人入勝，國外部主任用紅筆畫了一個圈，請一個編輯譯成中文，但是批了個「可節譯」。編輯人員不只是省略了他認爲不重要的部分，而且由於電稿原稿因電訊的故障，有些錯字，弄得整

段意義不明，他不敢亂猜，就乾脆不譯這一段。稿子送到編輯桌上，又要透過一、兩個守門人，然後被譯成電碼，從摩爾斯廣播中傳到基隆一家報館。最後決定這件發生在基輔的新聞是否應該讓基隆的讀者知道的，是這家報社的國際新聞編輯，如果他認為基輔和基隆風馬牛不相及的話，這條消息的最後歸宿當然是廢紙簍（編輯的廢紙簍是很大而且經常是很滿的）。假如他覺得這條消息還不錯，但版面實在有限（報紙的版面無時不刻不是有限的），他會刪掉後面兩三段，寫個標題送到排字房，如果他堅持這條資訊不能丟，排版的時候可能會被拼進去。第二天早晨報紙送到讀者手中時，這條新聞才終於到達最後的目的地。

透過這一大段文字，整個過程中每個環節的把關行為看得一清二楚。一條新聞，在到達讀者手中時，已經是經歷了千磨萬礪。如果說懷特的把關模式簡潔明瞭的話，那麼麥克內利的把關模式看起來似乎繁瑣些，但與現實情況要更為貼切些。

2.2 你在說話還是話在說你——資訊選擇的深層次原因

　　無論是懷特的把關模式，還是麥克內利的把關模式，都比較重視傳者在資訊選擇中的主觀能動性。人們會進一步思考，把關人對資訊的過濾與選擇，憑什麼依據，什麼標準？難道真是任由自己的愛好意願嗎？

　　福特（John Ford）曾深有感慨地說：「你以為自己在說

話，其實是話在說你。」福特這話的意思是說，傳播者看起來是在說自己的話，其實，往深層次看，只有當你說的話與社會語境和諧時，你的話才會被受者所接受，換言之，傳播者表面上看是自己在說話，其實他說的話總是受到了「社會的話」的制約。

其實把關人的把關行動也如此。把關人的把關標準往往來自社會。美國學者蓋爾頓（J. Galtung）和魯奇（M. Ruge）在〈國外新聞的結構〉一文中，除了分析把關人的把關行為外，還很詳細地分析了把關人在決定選擇或拒絕新聞內容時所依據的標準。這些標準更多的不是個人的主觀愛好，而是有一定的客觀依據。他列舉了九個方面的因素，可以概括為兩個大的方面：一是新聞事實本身所具有的價值等素質，二是社會對這一事實的價值認同或與文化的接近性。另一位美國學者布里德透過對美國幾十家報社的多位記者的調查，發現在報社內部存在一張十分微妙而又非常有力的「潛網」，它無處不在控制著把關人的把關行為。布里德將這一情況稱為「編輯部的社會控制」。

來自社會的控制，我們稱之為「社會語境」，是指由社會、文化等多種因素所構成的人文環境。它包括社會文化、民俗習慣、價值觀念、社會心態、輿論環境等諸多方面。它像一隻無形的手操縱著把關者的把關行為。

我們都熟悉「到哪座山唱哪支歌」這一俗語。它揭示的道理樸素而深刻：唱什麼歌和怎麼唱，要視所處的環境而定。換言之，說什麼和怎麼說，都是由我們所處的語境決定的。二〇〇三年第五期的《散文》雜誌上刊登了這樣一個故事：

> 我的老婆在京城一家大醫院裏當護士。她給我講了一

個發生在她所在的科裏的故事。他們科的張大夫從日本回來。張大夫說，在日本，醫院裏的醫護人員真正做到了視患者為衣食父母。大夫在手術之前，都要先給患者鞠躬。還有，日本醫學院校的師生在解剖課上，對遺體進行解剖之前，都要向遺體鞠躬，以示對死者的尊重。

年輕的張大夫不僅把在日本學到的知識帶回來了，而且帶回了他們的禮儀。他歸國後的第一次手術時，患者被推進了手術室，張大夫在手術前恭恭敬敬地向患者鞠了一個躬，一邊說：「謝謝您對我的支持，謝謝啦。」患者嚇了一跳。旁邊的同事也全都被他嚇了一跳。手術結束，張大夫又向患者的家屬鞠了一躬，一邊鞠躬一邊說：「謝謝你們對我的信任。謝謝啦。」家屬同樣沒有一點兒心理準備，被嚇了一跳。回到科室，大夫、護士們就開始批評他，說：「你不要再鬧笑話了，這裏不是日本，你已經回國了，你那一套不符合國情。不但患者受不了，我們也受不了。」

張大夫顯得非常痛苦，可還是按照同事們的要求，把他在日本學到的那套禮儀改掉了。老婆說：「這件事後來一直被當成笑話傳播。」

我們不能完全責怪中國人不懂禮節。只是日本人的這一套禮節，不適合中國百姓。這位醫生鞠躬所傳播的內容，在國內明顯地缺乏一個接受的社會語境。

在傳播活動中，把關人選擇什麼，不選擇什麼；怎樣傳播，以何種方式傳播等，毫無疑問會不同程度地受到社會語境的制約。

先看社會語境是如何影響把關人對傳播內容的選取。

新聞界有句行話，叫作「吃透兩頭」。所謂兩頭，即上面的意圖和下面的情況。籠統地說，實際上就是對社會語境的熟悉。做不好這一點，新聞報導不僅不能產生好的社會作用，反而會出現「負面效應」。

中國大陸通訊社——新華社名記者穆青等人採寫〈縣委書記的榜樣——焦裕祿〉，對當時的「形勢」、「宣傳動向」或「有關的反面材料」十分瞭解，儘管焦裕祿當時已逝世一年多了，但焦裕祿這一個話題卻與當時的社會語境一致。所以報導發表後，一下子就獲得普遍的共鳴。曾任《人民日報》總編輯的范敬宜認為：「穆青同志最大的特點是他始終和人民群眾打成一片，深知人民群眾在想些什麼，處處想到要為他們說話。」所以他提出要想輿論導向正確，最重要的一條就是要「瞭解實情」：「瞭解實情主要是指瞭解人民群眾贊成什麼、喜歡什麼、意願什麼、反對什麼、厭惡什麼……違背大多數人民群眾的意願，會犯導向性的錯誤。」

大陸報紙上曾發表過一條東北群眾淘金的新聞。記者報導這件事時，只見到事件本身對經濟建設有一定的好處，但從宏觀的角度來看，淘金熱引起了資源浪費、森林砍伐、河流污染等一系列問題，與保護環境這一社會語境是格格不入的。就比方說「打虎」這一事實，如果是在過去虎害肆虐、人們談虎色變的情境下，打虎者肯定是人們廣為傳誦的武松式英雄，可在今天的報導中再宣傳打虎壯士，就與拯救瀕危動物的語境大相悖逆。所以，不善於「到那座山唱那支歌」，不結合語境來選取報導題材，負面效應的產生是難免的。

實踐中，這樣的例子並不少見。《北京日報》編輯宗春啓

談到《北京日報》周末版的「生活之友」，曾編發過這樣一篇稿子，說是一位退休老教師，子女不在身邊，為排遣寂寞，便利用空餘房間養了一百五十隻貓，一個月要花上千元給貓買魚和動物肝臟吃。編輯選這篇稿子，是看中了它的新奇性和趣味性。不料見報後收到一封措辭激烈的讀者來信，信中說，他們在會上討論這篇稿子，氣憤不已：「現在中國有些地方的人民尚未解決溫飽問題，可是這個老教師卻每月花上千元來餵貓！」「你們這是在倡導什麼！」編輯透過反思認識到：「如果說編發稿子有什麼錯的話，就是當時對讀者思想狀態和心理承受能力缺乏瞭解。」

　　著名傳播學家施蘭姆在《傳播學概論》一書中，提出有名的「傳通契約說」。他指出，「從某種意義說，參加傳播的人是由於某種支配他們的表現的契約而進入傳播關係的。」他所謂「傳通契約」，說的也是社會語境問題。假如一條報導所提供的事實與受者所處的語境完全不能溝通，傳播的效果就會是傳而不通的。在另一本書裏，施蘭姆引用了耶魯大學心理學家杜布的研究：「一部在尼日拍攝的指導母親如何給嬰兒洗澡的教育片，冒犯了烏干達的婦女。她們說，一個孩子不能光著身子讓人瞧，而且他的頭必須先洗，而不是在最後。甚至看來被全世界接受的卡通片也會引起麻煩。在第二次世界大戰期間，一些剛果士兵第一次看到唐老鴨時，向銀幕上扔石頭，因為他們認為，他們正在被人取笑。『動物不會講話，』他們喊道，『誰見過一隻穿軍裝的鴨子？』」杜布認為，失敗的原因在於「它們不適合當地的觀眾」。說得更確切點，它沒有與所處的社會語境達成「契約」，不善於到那座山唱那支歌。

　　社會語境不僅制約著把關人傳播什麼，而且還影響著他們

怎麼傳播。

　　有兩個經典的例子是頗讓人尋味的：

　　一九七〇年代的伊朗，以巴勒維（M. R. S. Pahlavi）國王為首的少數皇室成員在全國推行國家的工業化和現代化，當時是雄心勃勃、信心十足的。儘管他們順應了歷史的潮流，也控制了所有最新式的大眾傳播媒體，但由於傳統宗教勢力所造成的強大社會語境，使得他們所傳播的資訊不被公眾認同。而反對勢力柯梅尼（Ruhollah Khomeini）雖然不掌握報紙和電臺等現代化傳播媒體，但他的學說和文章都透過錄音帶和手抄傳單大量流入國內，原因在於他熟悉社會語境，使用了公眾所熟悉的語言，宣傳的又是適合公眾口味的伊斯蘭教義。在這場對立的傳播競爭中，社會語境所表現出的反作用力是十分明顯的。有人說，巴勒維是被錄音帶打敗的，其實，巴勒維的錯誤在於對社會語境的反作用力缺乏認識。

　　與此相反，印度的甘地就不同，他認識到他鼓吹的獨立、平等、自由等新的價值觀念，顯然與傳統的等級制文化不相符合，但是他能巧妙地利用社會語境的正效應；利用舊文化的代表宗教神職人員為他說話，以滿足受傳者的選擇性心態，用人民所熟知的語言來宣傳新的文化意識。他終於得到了人民的支持。

　　為了達到好的傳播效果，掌握好傳播策略是把關人特別要注意的。

　　語用學中講究「得體」策略：對適當的人，在適當的時間，在適當的地點，說適當的話。大陸著名的語言家呂叔湘先生說：「此時此地對此人說此事，這樣的說法最好；對另外的人，在另外的場合，說的還是這件事，這樣的說法就不一定最

好，就應用另一說法。」所謂「得體」，實際上就是所說之話與所處的社會語境的諧調問題。

新聞傳播中，這一得體原則同樣重要。人們總是在根據環境情況調整著自己的言說方式。鄧小平曾說過：「報社要時時和領導取得聯繫，根據本地當前任務的變化，隨時調整自己的報導方針。不久前《新華日報》寫了一篇專論，講的是剿匪中的情況，內容主要是批評。正不正確？也正確。合不合時宜？不合時宜。正確與否要考慮到時間、地點、條件等因素來判斷。在剿匪已經有了成績，部隊又很艱苦很努力的情況下，主要去批評就不合時宜了。」可見根據社會語境來調整報導有多麼重要。據資料，拿破崙第一次復辟，對於他從厄爾巴島反攻至巴黎的過程，巴黎的報紙先後做了如下報導——第一條消息：「科西嘉的怪物在儒安港登陸。」第二條消息：「吃人魔王向格臘斯前進。」第三條消息：「篡位者進入格勒諾布林。」第四條消息：「拿破崙接近楓丹白露。」第五條消息：「陛下將於今日抵達自己忠實的巴黎。」所有這些消息都是幾天內先後登在同一報紙上，出自同一編輯之手。其言說方式的變化，是由社會環境變化引起的，只有從這一角度來認識，才能獲得充分的理解。

一篇報導主題的確立，通常要考慮的原則之一就是要審時度勢，努力在主題中體現時代特徵，符合當前宣傳的需要。這就是通常所說的針對性。一九八○年代中期《中國青年報》曾發表通訊〈同代人的召喚〉。作者郭梅尼談探寫體會時說到，選取「大兵」來報導，就是一些部隊青年向她提出來的。在部隊「保邊疆獻青春」報告團三個多小時的演進過程中，「我全神貫注地觀察著大學生們聽演講的情緒和反應」，「每當演講觸及到

同代人面臨的一些重大的人生課題，大學生們的反應總是特別
強烈。比如，當談到一位戰士獻出的是鮮血和生命，而索取的
只是一碗淡淡的雞蛋湯時，全場頓時爆發出一陣熱烈的掌聲。
我馬上意識到，索取與奉獻的關係，這是當代青年人最關心的
人生課題。」「正是從同代人的陣陣掌聲中，我尋到了一個鮮明
的主題：我不能局限於寫一個戰鬥英雄的戰鬥事跡，而要透過
英雄的思想行動，回答千百萬同代人共同關心的人生課題。」
郭梅尼已經表述得十分充分：是社會語境給了她確立報導主題
的靈感。

　　我們還可以從控制論的觀點來認識這一問題。「反饋」說
是控制論中一個重要的概念，它表明資訊的傳送是雙向的，即
不僅由控制部分向執行部分傳資訊，同時執行部分也向控制部
分發出資訊，以系統活動的結果來調整系統活動本身。傳播活
動中，人們不能不根據社會語境的改變來調整自己的言說方
式。一位語言學家深有感慨地說：「事實上，人不能想說什麼
就說什麼，不能想怎麼說就怎麼說，不能想對什麼人說就對什
麼人說。我們在說話的時候，顧及這顧及那，看人的臉色，不
斷地改變初衷。我們在做語言環境的奴隸，不折不扣的奴隸。」

　　這一情況在新聞連續報導中看得最為明顯。一九八二年九
月十八日，《人民日報》轉載了湖北《孝感報》關於農民楊小
運願意向國家交售兩萬斤糧食，要求購買一輛「永久」自行車
的報導，和應城縣委、縣政府所做出的答覆。隨後又以頭版頭
條發表了上海自行車廠的來信和該報的編者按，表示了工廠和
報社對此事的態度。的確，農民貢獻之大，所求之小，委實令
人感動令人讚歎。此後形勢進一步發展，在一個月內《人民日
報》和各地報紙對「獎售」的報導一浪高過一浪，全國有數省

市都掀起了「獎售」熱潮。始料未及的負面效應發生了：有關工廠難以應付，商業部門也叫苦不迭。有些人士則指出：「上海工人本事再大，也不能滿足全國農民的要求。」「更何況『大三件』是緊俏商品，原來一直由國家統一掌握分配和流通，如此突出宣傳『獎售』，勢必造成供銷管道紊亂。」在這種情況下，《人民日報》只好在一九八三年一月十三日發表〈精神可嘉作法欠妥〉的讀者來信，以調整當時失調的局面。

　　綜上所述，你說是你在說話，還是話在說你？

2.3 兩級傳播與輿論領袖──人際傳播過程

　　小說家高曉聲有一短篇小說〈陳奐生上城〉。作品中的主角陳奐生是一位老實的農民。過去苦慣了，生活剛剛好一點，囤裏有米了，櫃裏有衣了，就十分滿意了。滿意之餘，又有不滿之處，那就是不會說話，不善於傳播所見所聞。看了電影《孫悟空三打白骨精》，老婆要他講，他只會說：「孫行者最凶，都是他打死的。」老婆不滿足，又問白骨精是誰。他就說是「妖精變的」。連他的兒子都不如。因自己之短，陳奐生特別佩服別人之長。人家問他當地最佩服誰，他說最佩服說書的陸龍飛。陸龍飛有何能耐？陳奐生說：「就為他能說書，我佩服他一張嘴。」

　　陸龍飛這樣的人物，很像傳播學家所說的「輿論領袖」。

　　輿論領袖是指在傳播活動中表現活躍的一小部分人，他們對某方面的事態發展比較關心，獲得的資訊比較多，並且樂於

和善於向他們身邊那些廣大的公眾群眾提供這方面的有關資訊。比方說某個足球迷，他對世界著名球星的情況瞭如指掌，甚至其身世、其家庭生活，某位球星踢球的風格如何，在歷次比賽中建樹如何，在即將參加的比賽中，他可能會有怎樣的表現等等，如此這般，談得頭頭是道。久而久之，在他身邊就會集結一幫追隨者，願意聽他這方面的講解。那麼，這位先生就可視爲足球上的輿論領袖。

　　一般來說，作爲輿論領袖，他具有這麼幾個條件：第一，他必須是一個消息靈通人士，他獲取資訊的管道比別人多，獲得的資訊也比別人多。第二，他必須是具有某一方面的專業知識。試想一個不學無術而誇誇其談者，有多少人願意聚集在他身邊聽其胡說八道？上述兩個條件非常重要，但僅有這兩點，他還成不了輿論領袖，充其量只是一個飽學之士或專業人士。作爲輿論領袖，他還得滿足第三個條件，即他必須同時還是一個樂於傳播者。輿論領袖必須上通傳播媒介，下連公眾。一方面，他同媒介有著經常性的親密聯繫，他廣泛地讀報、看電視、聽廣播、上網；另一方面，他又樂於把他所獲得的資訊向他人傳播，樂此不疲。

　　還有人認爲，良好的人際關係也是充當輿論領袖的條件之一。也就是說，受眾樂意接觸他，聽他的傳播。這一點的確非常重要。因爲輿論領袖的形成完全是自發的，既不靠行政命令，也不靠強權維持。如果以訓斥、說教的姿態去傳播，是不易在受眾心中建立起「領袖」形象的。這裏所說的「領袖」，與政治生活中的「領袖」含義是不一樣的，相對而言，前者地位的形成明顯地是不受利害衝突所干擾的。就像前面提到的陳奐生對陸龍飛的佩服，完全是出於陳奐生的自願。當然，恐怕也

與陸龍飛良好的人際關係有關。這一點還可推而論之。即大眾傳播媒介要想讓傳播內容為受眾喜聞樂見,平等的對話姿態也是非常重要的。北京中央電視臺晨間有一個《東方時空》欄目,其中有一個節目叫「生活空間」。該節目的廣告詞即「講述老百姓自己的故事」,播講這一廣告詞的是著名影星王剛。據說他是播講了許多遍才確定下來,目的就是要體現出親切貼近的感覺。

明白了輿論領袖這一概念,兩級傳播這一概念就不難理解了。這兩個概念都是由美國傳播學者拉查斯斐等人提出的。兩級傳播是指:「觀念常常是從廣播與報刊流向輿論領袖,然後由輿論領袖流向人口中不太活躍的部分。」用一個模式表示,即:

從上圖可見,第一級傳播從大眾媒介到受眾(輿論領袖),實際是大眾傳播,第二級傳播從輿論領袖到社會公眾,屬人際傳播。也就是說,兩級傳播將大眾傳播與人際傳播作為一個完整的傳播過程焊接在一起了。這一情況有點像商品的流通:工廠把產品批發給零售商,零售商再將商品銷售給社會大眾。

但是,每一個受者接收大眾媒介傳播的資訊,是否都經過了「輿論領袖」?生活中,消費者的確不易去工廠直接進貨,而是透過銷售商的仲介作用。但人們接受大眾媒介傳播的資訊,大都不必經過「輿論領袖」這一仲介。也就是說,許多資

41

訊都只有一級傳播。特別在今天這種大眾傳媒業十分發達的社
會，幾乎每個人都有直接接觸媒體的機會，都有直接從媒體獲
得資訊的機會，輿論領袖似乎完全是多餘的人了。

　　美國傳播學者格林伯格（Greenberg）對兩級傳播模式做了
重要修正。他透過研究甘　迪總統遇刺事件的傳播情況發現：
只有最重要的和最不重要的資訊才有可能靠人際傳播擴散，而
大量的常規化的資訊都是由大眾媒介一步傳播到位。最重要的
資訊如總統遇刺、戰爭爆發、炸彈爆炸、飛機失事等資訊，只
要剛在媒體上出現，人們可能馬上奔相走告，一傳十，十傳
百。如筆者第一時間獲知香港藝人張國榮自殺的消息，就是在
辦公室裏一位同事突然闖進來告知的。最不重要的資訊，如鄰
里間的日常瑣事，東家長西家短是靠人們私下裏輾轉相傳的，
它們登不了大眾傳媒的大雅之堂。如此看來，真正能透過大眾
傳媒再透過人際傳播流動的資訊，只有那些最具爆炸性的新聞
資訊了。

　　但是，在這種情況下，輿論領袖的地位又變得難以確定。
誰先從媒體上獲得資訊而迅速地傳給他人，他這一次就扮演了
輿論領袖的角色，而下一次則完全可能是另外的人。這種非常
臨時性的角色，與「輿論領袖」的本意已相去甚遠。這樣的
「領袖」，承不承認都是無所謂的事情了。

　　那麼，輿論領袖是不是就從我們生活中消失了呢？也不完
全是這樣。的確，作為大眾媒介內容的傳聲筒式的「輿論領
袖」，在人人都可直接接觸媒體的今天，恐怕已很少存在，但是
生活中某人如能對某方面的新聞事實做出精彩的評說，往往能
吸引受眾。也就是說，輿論領袖不是消失了，而是他們的功能
發生了一些變化，由簡單成為大眾媒介的影印機式再傳播，變

成了帶有評論分析性的加工式傳播了。麥奎爾等人在《大眾傳播模式論》一書中說過：「『輿論領袖』這個術語容易引起誤解，因爲用在這裏它並不是指那些眞正提出思想的人。」但是，現在的情況看來，提不出一點思想的人恐怕是成不了輿論領袖的。

輿論領袖這一角色，在人際傳播中還是普遍存在的。當你從他人口中得到某一資訊，然後你又將這一資訊傳給別人，在這不經意間，你就當了一次「輿論領袖」。這樣的輿論領袖，就猶如資訊流程中的一個中繼站。當然，這樣的傳播過程就不只是兩級，而是多級了。比如二〇〇三年春季廣東流行的「非典型性肺炎」（嚴重急性呼吸道症候群，SARS），最初是民間口頭迅速傳播開來的。隨意解剖一條傳播途徑，就可看出這多級傳播是如何讓資訊擴散開的：一位在廣東打工的民工得了一種「怪病」進了醫院，同這位民工一起打工的朋友馬上將這一消息透過電話傳給家人，家人告訴了自己的鄰居，鄰居又將這一情況打電話告訴他在外地求學的兒子，兒子又告訴他的女友，女友又告訴了她同學，同學又告訴父母，父母又告訴街坊四鄰，四鄰又告知相關的人……可以說，每個人都充當了傳播資訊的輿論領袖。資訊也就通過了無數次的再傳播。正因爲存在這樣一類情況，施蘭姆把兩級傳播又修正爲多級傳播，成了Ｎ級傳播，Ｎ代表不確定的數目。

Ｎ級傳播模式顯然更加符合現實生活中的情況。的確，我們每天都有可能向他人傳播自己覺得值得一傳的資訊；說你每天都可能充當了輿論領袖，這也絕不是恭維你。事實就是這樣。由兩級傳播發展而來的多級傳播，輿論領袖的內涵也相應地發生了一些變化。對兩級傳播論而言，儘管它受到了這麼一

些的批評與修正，但它還是給人們認識傳播者的作用開闢了一片新的視野。正如施蘭姆所說：「儘管每一項研究都指出了這項理論的不足之處，以致它原先的概念幾乎已經蕩然無存，然而今天對情況與想法的流傳所具有的瞭解，有許多是兩級傳播的觀點提出以前不存在的。這就是一項好的理論假設的作用：它能起拋磚引玉之功。」

2.4 伯樂相馬與啞巴賣刀──傳者身分的意義

在生活中我們經常有這樣的體驗，當別人轉告你一條令人吃驚的消息時，你馬上會做出反應：這是誰說的？如果別人告訴你消息來自一個市井俚人，你會不屑一顧；但當別人告訴你消息出自一個權威人士之口，你可能馬上疑慮頓消，信以為真了。

研究表明，傳播者自身的條件，對於傳播效果的產生影響極大。中國有句古話，叫「人貴言重，人微言輕」。美國耶魯學派的賀夫蘭等人研究發現，一個對某問題享有聲譽的人，總比無聲譽的人能引起更多人的態度改變。而聲譽的主要成分是專門知識、專家身分和超然態度。如果傳播者在對方心目中是所講題目的專家，便會比非專家更能引起對方的態度變化。

且看《戰國策·燕策二》中的一個實例：

有賣駿馬者……見伯樂，曰：「臣有駿馬，欲賣之。比三旦立於市，人莫與言。願子環而視之，去而顧之，臣

請獻一朝之賈。」伯樂乃環而視之，去而顧之，一旦而馬價十倍。

我們知道，伯樂是相馬的專家，只有千里馬才會引起他的興趣。在這裏，儘管伯樂並沒有發表言說，但他對駿馬的「環而視之」、「去而顧之」，就是一個最好的評價，比起賣馬者的自賣自誇，伯樂所傳播的資訊不知要有效多少倍。在很多情況下，受者更注重的不是傳播者說了什麼，而是他的身分。傳播者的權威身分往往就是最重要的資訊。傳播者要借助各種方式去強調資訊源自權威之口，或者是千方百計表現自己的專家身分。商品廣告中請權威人士說說產品使用效果，醫藥廣告中標榜「祖傳秘方」，用的都是「權威」策略；政治家引用哲學術語、名言名詩，醫生用龍飛鳳舞的拉丁文寫藥方，都是在暗示自己的學識和修養，以贏得「權威」身分。

賀夫蘭的實驗證明，資訊的可信度與資訊的來源即傳播者的身分關係極大。他設計了一項檢驗信源的可信度同態度改變之間關係的實驗。他選出四個在當時引起爭議、為人熟知的問題：沒有醫生處方可否出售名叫抗組胺的藥品，美國眼下能否建造核潛艇，近來鋼鐵緊缺的責任是否在於鋼鐵行業，電影院的數量是否因家庭電視的增加而減少。然後再選出一批實驗對象，將他們分為人數相等的兩組，每人發給四組文章，談及上述四個問題。對甲組的實驗對象說，文章出自高可信度來源（如專家之手）；對乙組的實驗對象說，文章出自低可信度來源（如在西方名聲不好的蘇聯《真理報》）。實驗結果，被當作是高可信度來源的文章在改變實驗對象意見上的效果，遠遠高於低可信度來源者。

我們以新聞報導的情況來說明權威話語的重要意義。

在新聞報導中，權威話語主要用於對事態發展的預測和對事實形成做出解釋、評價。

用權威話語對事態發展做出預測，在動態性新聞和預測性新聞中用得最多。預測，說到底是一種權威話語，只有當預測具有一定的權威性，預測才能成立。從接受心理來看，越是具有權威性，預測的接受度就越高。正是因爲這樣，所以在新聞報導中這類標識十分明顯。換言之，報導總是不斷提示：這是某某權威做出的預測。爲了表明其權威性，通常還特別提示預測者的身分、學術地位等背景性材料。例如美國《波士頓環球報》記者查爾斯·雷丁（Charles Radin）所寫的報導〈著名經濟學家預測：全球面臨嚴重衰退〉（載1987年12月23日《參考消息》），每一段開頭分別有這樣的權威標識：「西方八個工業化國家的著名經濟學家十六日告誡說」，「西方八個工業化國家在美國著名經濟研究機構——國際經濟研究所主持下，編撰了一項內容詳細的報告。該報告認爲」，「經濟學家們認爲」，「曾獲一九八五年諾貝爾獎的經濟學家莫迪利亞尼認爲」等等。這些標識，無疑大大強化了預測的可接受性。

用權威話語對事實的形成做出解釋，是一條最有效的解惑答疑途徑。美國學者傑克·海敦在《怎樣當好新聞記者》中有專章論及解釋性報導，他認爲不發議論是完全可以闡明記者的觀點的。怎麼辦？一個重要的方法就是引用權威意見。他舉例說，有五人因沒有路燈而死於車禍，對這事實的解釋是：引用某個交通警察的話說應在十字路口安裝路燈；還可以引用某公路局官員的話，指出他的部門曾要求安裝路燈，但是遭到市政廳的拒絕等等。在這裏，交通警察與公路局官員就是最有發言

權的人士，他們的意見理所當然地容易爲讀者接受。

正是因爲權威話語在表明作者觀點中有著特殊的力量，所以，記者在報導中除了千方百計援引之外，有時甚至不惜「弄虛作假」，將自己的話貼上權威標誌。艾豐將此稱爲「假引述表達方式」：「記者想用直接闡述的方式說話，但是爲了保持新聞報導的客觀性和議論的客觀性和權威性，他在報導中故意不露出說這話的就是自己，而是化了一些別的名稱來說。最常見的是假借『此間觀察家』、『消息靈通人士』、『權威人士』、『有資格的人士』、『分析家』等等來說話。其實這些說法往往就是記者自己的意見和看法。」⑾記者自己的意見和看法，不能說沒有準確性和可靠性，但假借權威之口，就更具說服力了。說到這兒，禁不住想給讀者出一道判斷題。這是分別發表在二○○三年五月六日的《湖南日報》與《長沙晚報》上的兩條消息。

《湖南日報》上的消息爲〈夏季如何防非典〉：

據新華社上海五月五日電　五月六日「立夏」，天氣會變得越來越熱。在夏季如何預防「非典」？就此記者採訪了上海市防治「非典」專家諮詢組成員，上海華山醫院的潘孝彰教授。

首先，夏天不是安全期。潘教授說，現在一些群衆認爲，夏天一到，在高溫下病毒的活力會降低，其實這是一種錯誤的觀點。前一階段，新加坡、馬來西亞都有「非典」流行，當時這些地方天氣溫度已經達到了攝氏三十多度。因此事實證明，認爲溫度一高就會自然殺死病毒的觀點是站不住腳的。從病毒學和流行學的角度來看，夏天流行的

病毒也很多，呼吸道、腸道流行病也很多，因此，夏天並不是安全期……

《長沙晚報》的消息為〈高溫有助防非典〉：

　　本報訊　今日立夏，星城氣溫將逐漸上升。專家預測，炎熱的天氣將緩解疫情擴散，利於非典防治工作。

　　筆者從市氣象局瞭解到，在未來幾天內，我市將以雨水天氣為主，雖然氣溫會有所下降，尤其明天受冷空氣影響，會有一次比較明顯的降雨過程，局部地區有大到暴雨等強對流天氣。但隨著立夏後氣溫的逐漸升高，非典疫情將逐步得到遏制。專家認為，氣溫升高可能縮短非典病毒在空氣中的存活時間。由於此次非典型肺炎的流行是史無前例的，人類對它的流行規律還沒有完全掌握，因此也不排除疫情反覆的可能。尤其在雨水天氣，紫外線強度減弱，其殺菌能力有限，反擊非典的形勢依然嚴峻，消極等待天氣變熱則不可取。

　　兩種相矛盾的說法，你相信誰的？我想你一定會選擇《湖南日報》的說法。原因在於，說話的人專家身分明確，並且消息來源又是權威的新華社。而《長沙晚報》的報導，雖然也有「專家」意見，但專家的身分不明確，似乎是指氣象局的專家。而氣象專家在這個問題上的意見，顯然不及「諮詢小組」專家權威。

　　賀夫蘭等人的研究還表明，傳播者以一種超然的身分、公正的態度來說話，比有所圖謀的自詡者有更強的說服力。中國有一句俗語叫「王婆賣瓜，自賣自誇」，自賣自誇之所以沒有市

場，明顯地是因爲其動機的功利色彩過於濃厚。美國社會心理
學家阿倫森（James Aronson）等人也曾做過一個實驗。他們請
一批挑選出來的實驗對象閱讀一條報導。報導內容是記者對一
名罪大惡極的慣犯所做的採訪。在一種實驗條件下，罪犯爭辯
說法律應該更寬大一些，判刑應該更和緩一些；而在另一種實
驗條件下，罪犯認爲現行的司法體制過於軟弱，對犯罪活動打
擊不力，他主張判決應更嚴厲，執法應更強硬。實驗結果顯
示，當他主張法庭對罪犯應更加寬容時，他的話對實驗對象完
全無效，因爲他們認爲這名慣犯是在爲自己說話；但當他主張
要更嚴厲地制裁罪犯時，他的話便特別奏效，因爲實驗對象認
爲他的主張同其自身利益相反，他沒有從個人的動機出發。阿
倫森總結說：「假如一個人說服別人而自己得不到什麼好處
（甚至會失去什麼），人們就會信任他，他也會因此而更有影響
力。」

　　由此可見，傳播活動中，傳播者超然中立的態度對於傳播
效果的產生有著積極的意義。

　　超然中立的態度包括了兩個方面的內容：一是敘事少帶感
情色彩；二是表達多用事實說話。我們還是以新聞報導爲例來
分析之。

　　敘事少帶感情色彩，這是西方新聞報導的一條重要原則。
西方報業史上曾出現過政黨報一統天下的局面，報紙淪爲黨派
爭鬥的工具。報紙上充滿了濃厚感情色彩的言辭。它不是客觀
地反映、代表公衆輿論，而是小集團意志、利益的表現，具有
強烈的主觀性。這種辦報模式不僅不能取信於民，而且也給自
身生存帶來危機。在經歷了這樣一個被人稱爲「最黑暗的年代」
後，人們終於找到了客觀報導的模式。西方新聞界普遍遵循的

客觀化寫作原則是：多用動詞少用形容詞；多用中性語言少用帶感情色彩的言辭。美國學者麥爾文·曼切爾（M. Mencher）在談及客觀報導時，特別強調注重事實的特徵：「當新聞工作者談到客觀性的時候，他們的意思是，新聞應當不受記者本人觀點的約束，而應當主要根據看到的事實。當一條新聞能夠被某些原始記載加以對照證實，那麼它是客觀的……這樣的報導要求記者把眼光集中於事實。如果讀者想哭，或者想笑，想寫一封憤怒的信給國會議員，或者捐款給紅十字會救濟龍捲風的受害者，這是他們的事兒。記者應該只限於展示這些事實。」[2]實踐表明，感情色彩強烈的辭彙不僅不能增強傳播效果，有時甚至會適得其反。

提倡敘述的非感情色彩，並不是說記者在寫作時不能有自己的立場。在新聞作品裏，作者的立場觀點是存在的，但它不能情緒化，也不能過於感情化。這與文學不同，文學的表達可以直接情感化，以多種抒情方式去撩撥讀者的心弦，感染讀者的情緒。新聞作品過於情感化的表述往往會掩蓋理性的光輝，可能會讓人懷疑記者所表述的看法是否為「情人眼裏出西施」的偏見。麥爾文·曼切爾說，感情能夠成為一筆財富，一個道德上的義憤可以直接促使記者贏得某項成就。儘管如此，「記者應正確地檢驗他的感情，因為這些感情可能歪曲觀察、阻礙分析和綜合的進程」[3]。

事實上，僅靠廉價的情緒化言辭是無助於記者的立場、觀點、見解等深層次內容的傳達的。一八五七年英國大選時，候選人帕麥斯頓（Lord Palmerston）被吹捧到無以復加的程度。馬克思告誡宣傳者記住達萊朗的一句名言，「不要太殷勤」，因為這種宣傳已經使英國「對頌揚帕麥斯頓的狂熱產生了反感」[4]。

恩格斯在致愛德華·伯恩施坦（Eduard Bernstein）的信中也說：「我認爲您對報紙應當採取的方針的看法，同我的看法完全一致；我還感到高興的是，近來，報紙不再像當初那樣濫用『革命』一詞了……不連篇累牘地用『革命』一詞，也可以表達革命的思想。」[5]深刻的內容以平和的言辭道出，比起聲嘶力竭、劍拔弩張式的表述，更有力量。

所謂用事實說話，是指新聞報導者的立場和傾向性應該寄寓在對事實的選擇和敘述中，而不應特別加以指出。西方新聞界將此稱爲「藏舌頭」。俗話說得好：「事實勝於雄辯」，事實本身是很具邏輯力量的。這一道理，日常生活中也常見。如啞巴賣刀，不會吆喝，只會哇哇地又是用刀去砍頭髮，又是用刀去砍鐵。就憑這個，圍觀者競相掏腰包買他的產品，其效果比起賣瓜王婆來自然要好多了。以至於一些不是啞巴的人，也假冒啞巴，憑刀刃來證明其產品品質。

新聞報導中如何用事實說話？且看〈阿部長會議主席謝胡自殺身亡〉：

> 新華社北京一九八一年十二月十九日電　據阿通社報導，阿爾巴尼亞部長會議主席穆罕默德·謝胡十二月十八日凌晨自殺身亡。
>
> 這一消息是阿爾巴尼亞黨政領導在十八日晚發布的一項公報中公布的。這項公報說，謝胡是在「精神失常」時自殺的。
>
> 在這之前，阿通社在十二月十七日曾經發表謝胡十六日在地拉那接見羅馬尼亞貿易代表團的消息。
>
> 謝胡自一九四八年起任阿爾巴尼亞勞動黨中央政治局

委員，一九五四年起任阿爾巴尼亞部長會議主席，終年六
十八歲。

謝胡是怎麼死的？當時外界猜測是因政治原因而被殺的。
新華社的記者顯然也不相信阿爾巴尼亞官方提供的「精神失常」
的說法。但作爲一種猜測既不便說，而且將這一觀點說出來也
不利於兩國的關係。在這裏作者巧妙地引入了阿通社自己的一
則報導，告訴人們就在前天謝胡還接見了一個外國代表團。聰
明的讀者一定會聯想到，還不到四十八小時，一個能接見外國
代表團的高級官員，怎麼會突然「精神失常」到要自殺呢？這
樣，官方的謊言就不攻自破了。果然不久，阿爾巴尼亞官方因
面對事實難以自圓其說，終於改變了對此事的說法。

伯樂相馬追求的是傳播中的權威效應，所以傳播者總是努
力把權威人士的聲音放大，而啞巴賣刀突出的是傳播中的事實
本身的力量，所以傳播者不惜把自己的聲音縮小。一個是放
大，一個是縮小，這一大一小的運用，所追求的都是傳播者身
分在傳播活動中的意義。

註　釋

[1] 艾豐，《新聞寫作方法論》，頁90、121，人民日報出版社，1994年版。

[2] 麥爾文·曼切爾，《新聞報導與寫作》，頁53，中國廣播電視出版社，1981年版。

[3] 麥爾文·曼切爾，《新聞報導與寫作》，頁214，中國廣播電視出版社，1981年版。

[4] 《馬克思恩格斯全集》，第12卷，頁171。

[5] 《馬克思恩格斯全集》，第35卷，頁164。

3. 資訊符號

　　編碼就是將目的、意願或意義轉化成符號的過程。通常這些符號是字母、數位和構成一種語言──如英語──的單詞。當然，編碼也可透過照片、音符或電影畫面的形象進行。

　　在很多方面，編碼是一個神秘的過程。如何使「前口語張力」轉換成字詞？甚至僅僅描述一下過程，也不是簡單的事情。

──[美]沃納‧賽佛林、小詹姆斯‧坦卡德 (Werner J. Severin & James W. Tankard, Jr)：《傳播理論：起源、方法與應用》

　　語言對於人們處理資訊的影響到底有多大？以及人們處理資訊的需要到底在多大程度上影響了人們的語言？是否可能有相互作用？愛斯基摩人需要較多的關於雪的詞，阿拉伯人需要較多關於駱駝的詞，目的都是爲了有效地處理有關這兩樣東西的大量資訊。假若美國人和阿茲特克人有這種需要，他們也會創造多種代碼嗎？爲了有效地處理他們必須處理的各種資訊，科學家已創造了一些他們自己的辭彙，其中有許多是很抽象的。非科學工作者如果參加學術性會議，可能會覺得他們也是在聽一種陌生的語言，以及覺得科學家觀察世界的方法就是與眾不同。

──[美]偉伯·施蘭姆等（Wilbur Schramm）：《傳播學概論》

3.1 「秋波」是什麼？──體語符號

　　傳播從本質上說是資訊的流通。我們知道，資訊是看不見摸不著的東西，是個人內心的思想情感。要與他人交流，必須借助一定的物質形態將其外化，才能被他人感知。想一想當你向心儀的人表達愛戀之情時，是用什麼方式？用眼神暗送秋波？送玫瑰代你言說？還是藉文字千里傳鴻？在這裏，眼神、玫瑰、文字都是傳遞情意的符號。

　　什麼是符號？符號就是負載或傳遞資訊的元素，表現爲有意義的代碼及代碼系統，如聲音、圖形、姿態、表情等。卡西爾（Ernst Cassirer）說過，人類區別於動物，在於前者可以創造並運用符號來傳播交流，人是生活在被符號包圍著的世界裏。走在大街上，當你要穿過十字路口時，對面如果顯示紅燈，則示意你得等待，綠燈亮了，表示你可以橫過馬路了。在公共場所，可以見到畫著一支點燃的香煙上塗了一斜槓，這是禁止吸煙的標誌。走到商店，你想購物，掏出鈔票或信用卡來，錢或卡就是代表你財力的符號。到一個陌生的城市，你不識路，買上一張城市交通圖，按圖索驥，你就可以找到你想去的地方……

　　符號作爲人類傳播活動中的仲介物是必不可少的。十八世紀的英國小說家斯威夫特（Jonathan Swift）在著名小說《格列佛遊記》中寫道，巴爾尼巴比有三個飽學之士，他們研究如何改進本國語言，提出取消語言中所有的辭彙。他們認爲每當一個人說出一個字來，多多少少都會使人的肺部受到影響，從而縮短人的壽命，因此，這種改革首先是有益於健康的；同時，

對於更加精鍊地表達思想，將會有很大的好處。這些學者認為，既然語詞只是事物的名稱，那麼，在談論某一件事情的時候，把所要表達意義的東西都帶在身邊，豈不更加直接、更加簡練、更加方便嗎？換言之，這三位學者提倡人類交流時不借助符號，直接用符號所指之物。學者們親自實踐了這種改革。結果如何呢？小說中寫道：

> 我常常看到兩位學者被背上的重荷壓得要倒下去，像我們的小販一樣。他們在街頭相遇的時候，就會放下負擔，打開背包，整整「談」上一個鐘頭。談完了「話」以後，才把「談話」的工具收起，彼此幫忙把負荷背上，然後才分手道別。

這種寓言式的場景，只會出現在小說家的筆下，現實生活中是絕對行不通的。

符號作爲資訊的載體，它與所傳播的資訊內容並沒有必然的聯繫。符號包括形式和意義兩個方面：形式是公共的傳播領域中的可感知之物，如文字、圖表等；意義則是人們賦予的。當然，什麼樣的符號表達什麼樣的意義，這並不完全由傳者單方面說了算，而是一種約定俗成。大而言之，是社會成員協調行爲的社會契約，小而言之，可以是傳受雙方的一種臨時約定。有一部小說寫到地下工作者之間傳遞信號，臨時決定用窗臺上的花盆做暗號，有花盆則表示安全，否則便出事了。

中國古代的荀子說過：「名無固宜，約之以命，約定俗成謂之宜，異於約則謂之不宜。名無固實，約之以命實，約定俗成謂之實名。」說的就是符號所表達的意義是一種公共性的約定和社會性契約。有一個故事說，一位農夫對天文學家的工作

表示疑問：他們把天上的星星都找出來了，這並不奇怪，奇怪的是他們從哪裏得到這麼多星星的名字呢？其實誰都知道，星星的名字是人給命的，就像父親給新生兒命名一樣。

語義學家沙夫（Adam Schaff）舉過一個例子。他說，有兩個人想走過馬路，燈柱上的紅燈亮了，其中一人看見紅燈亮了便立即停步，因爲他懂得城市交通規則，換句話說，他這個行爲符合這裏的社會準則；另一個人卻要繼續前進，因爲他不懂得交通規則，但他確實不是企圖違反社會準則。頭一個人制止第二個人，並且向他解釋：「你看見紅燈嗎？這個符號表示，此刻暫不許橫過馬路；當綠燈亮了，你才能橫過馬路。」不一會，紅燈滅了，果然綠燈亮了，這兩人才繼續前進。到了下一個十字路口，又亮了紅燈，這時，原來看見紅燈也不肯停下來的那人，這次主動地停了下來，此刻他已經懂得紅燈所賦予的意義了。可見，符號與意義之間完全是一種社會契約關係。約則通，不約則不通。

一個符號若要暢通無阻地在傳播過程中產生作用，符號中的形式和意義的結合就得具有一定的公共性和穩定性。公共性是從空間上來說的。符號在多大範圍內傳播，共同守約的範圍就有多大。點頭表示肯定，搖頭表示否定，這在世界上很大範圍內都達成了約定，交流起來不成困難。據說在少數地區點頭與搖頭的意義與此不同，這就超出了一般的守約範圍，對外交流中就會產生誤解。尼葛洛龐蒂（Nicholas Negroponte）在《數字化生存》一書中談到這樣一件事：在一次六人晚餐中，大家都在談論不在場的甲先生，作者向他對面的妻子伊蓮眨了眨眼。晚飯後，有人問眨眼表示什麼意思，作者說要向別人解釋清楚需要花十萬個比特（bit），而同他的妻子溝通此事僅需一個

比特即可。這主要是因為，此處眨眼這一符號的意義，只在他
與妻子之間有約定，所謂心有靈犀一點通。他人因沒有約定的
前提，自然就難以溝通。作者在談完自己的故事後又舉了一個
佐證：「有個故事說，有對夫妻把數百個笑話記得滾瓜爛熟，
因此，只需提到笑話的編號，彼此就能心領神會，寥寥幾個數
碼就會喚起他們對整個故事的記憶，使他們大笑不止。」[1]這對
夫妻將數碼約定為表述笑話內容的符號，在兩人的小範圍內可
以傳播，但顯然不能進入公共傳播領域。

　　穩定性是從時間意義上來說的。某一符號表示某一意義，
必須有較強的穩定性。如果你今天以點頭表示肯定，明天以搖
頭表示肯定，人家就無法理解你的意思，交流起來就十分困
難。如驪山烽火戲諸侯的故事。幽王寵褒姒，讓其篡位正宮，
有專席之寵。但褒姒從未開顏一笑。幽王欲令其開心，召樂工
鳴鐘擊鼓，宮人歌舞進觴，褒姒還是全無悅色。如此又使盡了
招數，還是不能令其開顏。最後有人獻計，點燃驪山烽煙。原
來幽王之父因防外敵入侵，在驪山之下長年置煙墩二十餘所，
如有敵人入侵，則點燃狼煙，附近諸侯見煙一起，便發兵援
救。這樣，烽煙就成了傳遞敵情的符號。幽王為了博褒姒一
笑，果然點燃煙墩。諸侯見煙起兵，匆匆趕至，不見敵情，大
有被戲弄之感，後來幽王遇敵再舉烽煙，諸侯自然再也不信，
因為在他們的記憶裏，烽煙已不是傳遞敵情的符號了。

　　符號與它所表達的意義之間的聯繫具有一定的穩定性，但
也並不是一成不變的。如在封建社會中，「三寸金蓮」是一種
女性美的象徵，時過境遷，在今天看來，成了束縛女性自由的
一種桎梏。當然，這種變化並非隨心所欲的，也很難以行政命
令的形式固定下來。往往是由於文化背景的變化而變動的。中

國傳統文化中，潘金蓮這一形象已經作爲一種符號代表淫蕩。這是千百年來的歷史積澱。在今天，也有人試圖將這一形象從傳統文化中剝離出來，放到一個不同的文化背景下來理解，從而賦予這一符號新的意義。有個作「翻案」文章的電視劇中有潘金蓮的形象，據說爭演這一角色的專業和非專業的漂亮女演員竟達兩百人之多，成爲中國電影史上空前之舉。她們對於潘金蓮的行爲有了新的理解。其中一位說：潘金蓮原是大戶人家的使女，頗有幾分姿色，因而那位大財主不時纏著她，但不肯依從，於是惱了她的主人，懲罰性地把她白白送給「身高不滿五尺，面目醜陋，頭腦可笑」的武大郎。可憐的潘金蓮，就因自己的美貌和財主的妒心而造成了她的不幸命運。這時的潘金蓮處於禮教的制約下，無絲毫婚姻自主的權利，唯一的選擇是：苟活著，被迫糟蹋自己的青春！正當她紅辣椒般的年紀，卻被塞到冰窖裏，我們從心理與生理的需要來體諒她，自可理解她的許多行爲乃是人性所使然。以後碰上有十來個姨太太的西門慶，於是，男人們又使她變成了淫婦！我覺得，潘金蓮正是荒謬的「贈婚」方式的犧牲品。當道學者們罵潘金蓮是「淫婦」時，爲什麼不同時指責傳統社會中的種種不合人性的婚姻？爲什麼不能對潘金蓮的不幸命運一掬同情之淚？爲什麼默認男人的三妻六妾？由此可見，至少在一部分人心目中，潘金蓮這一形象的意義已與過去大不一樣了。

更有甚者，有一些符號所表達的意義在演變過程中發生了很大的變化，以至於今天對這一符號過去「所指」已不明身世，而演變後新賦予的意義又構成了新的穩定性。如「衣冠禽獸」一詞的意義就今昔迥異。它源於明代官員的服飾。明代官員的服飾規定：文官官服繡禽，武將官服繪獸。文官一品緋

袍，繡仙鶴；二品緋袍，繡錦雞；三品緋袍，繡孔雀；四品緋袍，繡雲雁；五品青袍，繡白鷳；六品青袍，繡鷺鷥；七品青袍，繡鸂鶒；八品綠袍，繡黃鸝；九品綠袍，繡鵪鶉。武將一品、二品緋袍，繪獅子；三品緋袍，繪老虎；四品緋袍，繪豹子；五品青袍，繪熊；六品、七品青袍，繪彪；八品綠袍，繪犀牛；九品綠袍，繪海馬。因此，人們稱文武官員爲「衣冠禽獸」，當時是一個令人羨慕的讚美詞。明朝中晚期，官場腐敗，文官愛錢，武將怕死，欺壓百姓，無惡不作。於是，「衣冠禽獸」就演變成爲非作歹、如同牲畜的貶義詞。

在傳播中保持符號意義的穩定性是必要的，但固守穩定性也會造成僵化和退化。我們都知道一句俗語，第一個把女人比作鮮花的是天才，第二個把女人比作鮮花的是庸才，第三個把女人比作鮮花的是蠢才。因此，打破穩定性，就有可能出現新意。這一點在文學家那裏極爲常見。柯亨（Hermann Cohen）說：「詩摧毀了日常語言只是爲了在較高層次上重建此語言。由修辭格完成的『解構』被另一秩序的『重構』所接替。」也就是說，透過詩歌可以看出，人們不會滿足於已有的符號與意義之間的聯繫，總會創造新的符號表達新的意義，或者「舊瓶裝新酒」，賦予舊的符號以新的意義。就比方說這「秋波」，原意是指明澈的秋水，以它來表示美女的眼神，就給它賦予了新的意義。這種新的聯繫，又會產生新的穩定。

3.2 言之不足，故嗟歎之——符號的局限 性與互補性

　　傳播活動離不開符號。人類用來傳情達意的符號是多種多樣的。粗略地劃分，可分爲兩類：一類是語言符號，一類是非語言符號。

　　語言符號包括語言與文字兩種類型，即所謂的口頭語言與書面語言。

　　非語言符號指的是除語言以外的其他所有傳播資訊的符號。語言學家愛德華·薩丕爾（Edward Sapir）把它稱爲「一種不見諸文字、無人知曉但大家全都理解的微妙代碼」。

　　符號類型的豐富性，至少說明了三個方面的內容。

　　其一，它表明了人類需要交流的資訊是豐富複雜的。也就是說，豐富的內容需要豐富的形式來表現。

　　其二，人的感覺器官不是單一的，獲取資訊的管道也是多種的，不同的符號傳達的資訊可以爲不同的感覺器官捕捉。

　　其三，人類之所以創造了多種多樣的符號體系，說明了任何單一的符號系統在傳遞情感表達思想上有其局限性，需要多種符號體系的互補。

　　《詩大序》中云：「情動於中而形於言，言之不足故嗟歎之，嗟歎之不足故詠歌之，詠歌之不足，不知手之舞之，足之蹈之也。」這段話裏談到四種傳播方式，涉及到四種符號體系，即言辭、類語言、音樂、舞蹈。一位舞蹈家引此言證明舞蹈是表達情感的極致，也就是說它是最有效的符號體系。這種

說法固然有其道理，但引它來說明多種符號的互補性，恐怕更
爲恰當。

讓我們來認識各種類型的符號系統。

先看語言符號。語言符號是人類表達意義的最基本最常用
的符號系統，它包括語言和文字，即口頭語言與書面語言。語
言與文字對於人類來說，不是與生俱來的，而是在長期的交往
中創造的。

人類早期的傳播是極其低下的，是從原始聲音和一些本能
的動作開始的。人際之間面對面的傳播，語言是最爲基本的，
而且直到今天，情況依然如此。正是由於口頭語言的存在，其
他的符號才成其爲符號，比如文字，雖說它看上去像一套獨立
的符號體系，而實際上它無非是口頭語言的記載形式，或者叫
它爲符號的符號。著名語言學家薩丕爾說過：「我們可以毫不
猶豫地做出這樣的結論：除了日常言語之外，其他一切自主的
傳達觀念的方式，總是從口到身的典型語言符號的直接或間接
的轉移，或至少也要用眞正的語言符號做媒介。」

文字雖說是記錄口頭語言的載體，它的從屬性絲毫不意味
著它地位的次要性。人類創造文字，其智慧之大，其意義之
深，簡直令人匪夷所思。所以，在古埃及、在古巴比倫，都把
文字的發明歸功於神的創造。在古希臘，人們也把文字的發明
歸功於奧林匹斯的傳令官和使者赫耳墨斯（Hermes）。在中國古
代的傳說中，文字是倉頡所創造。據說他是「窮天地之變，仰
觀奎星圓曲之勢，俯察龜文鳥羽山川，指掌而創文字」。倉頡何
人？傳說中他是「黃帝之史」，「龍顏侈侈，四目靈光，實有睿
德，生而能書」，不是天神，卻勝似天神。

文字符號的出現，大大張揚了人類的傳播活動。歷史學家

巴勒克拉夫（G. Barradough）主編的《泰晤士世界歷史地圖集》中，有段話說得很清楚：「文明古國不同於它們的鄰人（北方的遊牧人以及歐洲溫帶森林或中印半島的熱帶林莽中的農業人群）之處，就在於經濟的集中。在這些早期的城市社會中，貨物是在一種實施再分配的制度下集散的。要保證這些貨物運轉的管道，就需要有某種永久性的記載，於是，發達的文字體系就成了這種社會的重要特徵。最早的文字記載，通常不過是些倉庫儲貨的清單而已，可是一旦人們發明了一種易於適用的文字體系，這種文字就會被用來記錄神話、傳說和詩歌，還用於行政管理。」《西方的沒落》作者史賓格勒（Oswald Spengler）也在該書中說道：「書寫是有關遠方的重大象徵。所謂遠方不僅指擴張距離，而首先是指持續、未來和追求永恒的意志。說話和聽話是發生在近處和現在，但透過文字則一個人可以向他從來沒有見過的人，甚至於還沒有生出來的人說話；一個人的聲音在他死後數世紀還可以被人聽到。」顯然，這裏所說的數世紀後還能「聽」到某人的聲音，不是借助現代的錄音技術，而是因為借助了文字的記載。我們今天對孔子的言論那麼熟悉，無非是來自《論語》等作品的記述。

簡單地說，語言適合於直接的人際傳播，如兩人交談、教師授課、領導做報告等等；文字則適合於間接的傳播，它既適合於遺傳性的傳播，讓後人瞭解前人的思想，也適合於跨越空間的傳播，如借助文字符號的大眾傳媒報紙就是延拓面很廣的傳播媒體。

認識了語言符號，再來看非語言符號。

據專家估計，人類近四分之三的資訊是透過語言符號傳播的。正如傳播學家施蘭姆所說：「傳播不是全部（甚至大部分

不是）透過言詞進行的。一個姿勢，一種面部表情，聲調類型，響亮程度，一個強調語氣，一次接吻，把手搭在肩上，理髮或不理髮，八角形的停車標誌牌，這一切都攜帶著資訊。」

比起語言符號來，非語言的形式要龐雜得多。你的一舉一動是非語言符號，一個人的衣著打扮是非語言符號，面部表情、動作姿態也是非語言符號，此外，人所創造的身外之物，都可視爲非語言符號。

我們可以將非語言符號分爲三類：一是體語，二是視覺性的非語言符號，三是聽覺性的非語言符號。

體語是指透過人的舉止、表情和裝束來傳遞資訊的非語言符號。它的傳播功能不可低估。國外有學者做了專門研究，創立了一門「體語學」。

手勢是最常用的「體語」。我們常見的如 "V" 形手勢表示「勝利」，同一隻手的食指尖與拇指尖相接表示 "OK"。這種可以單獨表示意義的手勢，叫象徵手勢。還有一些手勢，是用來說明、補充言詞的，可稱爲圖解手勢。「借問酒家何處有，牧童遙指杏花村。」牧童雖未使用言語作答，但他所指的對象顯然是「酒家」。倘若詩人還未開言，牧童就將手一指，倒令人費解了。

面部表情是極具感染力的體語。我們常說要善於察言觀色。觀色，就是注意對方面部表情傳達的資訊。梅拉賓設計過一個「資訊衝擊力」的計算公式，這個公式表明，面對面的交流中，言辭所占資訊比重比爲7％，而面部表情傳遞的資訊要占55％。體語學的創立者伯德惠斯特也說過：「光是人的臉，就能做出大約二十五萬種不同的表情。」我們知道，僅僅是笑，就有冷笑、奸笑、皮笑肉不笑、微笑、大笑、甜美的笑、滿足

的笑、會心的笑等等，不勝枚舉。京劇《智取威虎山》中形容座山雕是：不怕座山雕叫，只怕座山雕笑。座山雕的笑令人毛骨悚然。達文西的名作《蒙娜麗莎的微笑》，蒙娜麗莎的笑令人殊難以言語描述，於是成了千古的「神秘之笑」。

還有，眼睛的表情也是內容豐富的體語。眼睛能「放電」，眉目可傳神，眼睛是心靈的窗戶，這些都是對眼神表現力的描述。顧城有一首詩，叫〈遠和近〉：

　　你
　　一會看我
　　一會看雲

　　我覺得
　　你看我時很遠
　　你看雲時很近

這首詩中的主要動詞就是「看」，從對方的眼神中看出令人不可思議的遠近差別來。朱光潛先生在〈無言之美〉一文中談到，眼睛傳遞的資訊太豐富了，所以，在古希臘的雕像中，為避免費力不討好，乾脆把人物的眼睛空著，留給觀賞者自己去想像。這真有點像王安石說王昭君那樣：「意態由來畫不成。」

人的各種不同動作也傳遞著複雜的資訊。一個未經驗證的說法是，一個人能以不同的身體動作發出七十多萬種資訊。戲劇演員很能根據不同身分的人物設計出不同的動作來。如有身分的人吃飯同苦力吃飯，吃相就不同，不同吃法就傳達出他們不同的身分。小說家張天翼先生在民國大學任教時，給學生講「文藝創作」課，講要注意以不同的動作來表現不同的人物。他

以扇子爲例，講三種不同生活的人有三種不同的搧扇子的方式：姑娘是用小巧玲瓏的扇子搧嘴唇；穿長褂子的先生們是用蘇摺扇子搧胸脯；挑腳的苦力們則用大蒲扇搧屁股。人的許多動作是下意識做出來的，但同樣也傳遞著豐富的資訊。在俄國，人們根據女人蹺二郎腿的樣子，可以斷定她是不是妓女。兩人交談，如果一方兩手交叉抱在胸前，無意中就傳達出與對方關係保持一定距離的訊息；如一方老是走來走去，就流露出想結束談話，不願同對方待下去的意思。

此外，人體的穿著打扮也在傳播著某種資訊。在人們印象裏，一個濃妝豔抹的女子肯定十分風流，而一個戴深度眼鏡的人總是很有學問。《戰國策・趙策一》中云：「士爲知己者死，女爲悅己者容。」一個女子很注意在某個男子面前的打扮，十有八九是對這位男子有點意思了。有個學者曾經做過一個有趣的實驗：他本人以不同的衣著打扮出現在同一場合。當他身著西服以紳士模樣出現時，無論是向他問路的還是問時間的，大都彬彬有禮，而且基本上也是紳士階層的人。當他打扮成無業遊民時，接近他的人多半是流浪漢，或者是來找火借煙的。

體語中還有特殊的一種，稱之爲「類語言」。類語言的意思是指具有類似語言性的符號。如哭聲、笑聲、呼喚、歎息、呻吟等即是。我們在前面提到「言之不足，故嗟歎之」，嗟歎所發出的聲音，即可視爲類語言。此外，許多應答性、習慣性的聲音像「嗯」、「啊」、「哎喲」等等，也都屬類語言。類語言與語言不同，語言是人發出的有固定意義的聲音，而類語言則是人發出的沒有固定意義的聲音。有人統計，人們在表達思想、交流情感時，只有7％是借助語言，其餘的93％都是靠體語。

在這93％的體語中，前面提到的面部表情占55％，而另外的 38％就是類語言了。這樣，你就能理解爲什麼「言之不足」而 「嗟歎之」了。

　　非語言符號第二類，是視覺性的非語言符號。按其符號所 代表的內容，可將其分爲兩種。一種符號代表的是一種抽象的 意義，如十字、新月、紅星、八卦等，被稱爲象徵符號。象徵 符號是特定文化的結晶與標誌。內容既抽象又豐富。如八卦， 其象徵意義，可以說是涵蓋了宇宙萬物：

　　　　乾卦，象天，也可作爲日、陽、男、朝廷、君主、君 子、剛健的資訊符號；

　　　　坤卦，象地，也可作爲月、陰、女、黎民、臣僕、小 人、柔弱的資訊符號；

　　　　震卦，象雷，也可作爲威嚴、刑罰、危殆、運動的資 訊符號；

　　　　巽卦，象風，也可作爲數令、樹木、生機的資訊符 號；

　　　　坎卦，象水，也可作爲民眾、雲雨、恩賞、美德的資 訊符號；

　　　　離卦，象火，也可作爲明察、太陽、閃電的資訊符 號；

　　　　艮卦，象山，也可作爲貴族、聖賢、男子、丈夫的資 訊符號；

　　　　兌卦，象澤，也可作爲民眾、歡悅、婦女的資訊符 號。

　　以上每一種卦象都可以在一定的定義域內，作爲事物、狀

態、情緒、意願的資訊符號，它既有內涵的規定性，又有外延的模糊性。

　　另一種視覺性的非語言符號是實義符號。與象徵符號不同，這類符號所代表的意義比較確定，具有簡潔明瞭、形象直觀的特點。如我國古代烽火狼煙，現代的公路路標，鐵路號誌，艦船上懸掛的信號旗，都是典型的實義符號。實義符號與事物的特徵聯繫比較緊，相對來說易於識讀。如公共廁所要做男女用之區分，可以用文字，也可以用實義符號，前者需要有相應的文化基礎。有故事嘲笑農村文盲進城，只要識得「男」「女」二字即可。而用實義符號，通常用嘴上叼煙斗，頭上戴帽子的圖形代表「男」，而用長髮、裙子來區別「女」。即使你不識字，也能將二者區分開來。

　　與視覺性的非語言符號相對應的是聽覺性的非語言符號。視覺性的非語言符號作用於人的眼睛，而聽覺性的非語言符號則作用於人的耳朵。常見的如鼓聲、號角、汽笛、樂聲等。古人作戰，鳴金收兵，就是以聽覺性的非語言符號來指揮，我們常說的「音樂語言」，實際上就是這類非語言符號。「音樂語言」比較抽象，既能表達深邃的思想，也能傾訴豐富的感情。試看白居易〈琵琶行〉中最後幾句詩所說：

> 同是天涯淪落人，相逢何必曾相識！
> 我從去年辭帝京，謫居臥病潯陽城。
> 潯陽地僻無音樂，終歲不聞絲竹聲。
> 住近溢江地低濕，黃蘆苦竹繞宅生。
> 其間旦暮聞何物？杜鵑啼血猿哀鳴。
> 春江花朝秋月夜，往往取酒還獨傾。

> 豈無山歌與村笛，嘔啞嘲哳難為聽。
>
> 今夜聞君琵琶語，如聽仙樂耳暫明。
>
> 莫辭更坐彈一曲，為君翻作琵琶行。
>
> 感我此言良久立，卻坐促弦弦轉急。
>
> 淒淒不似向前聲，滿座重聞皆掩泣。
>
> 座中泣下誰最多？江州司馬青衫濕。

詩人被歌女的一曲琵琶打動，悲哀不已，淚水竟打濕了衣衫。原來彈者滿腹愁緒都從音樂中傳送出來了，與聞者的思想感情產生了共鳴，生出了「同是天涯淪落人」之感慨。

各種各樣的符號系統大大豐富了人類傳播資訊的手段。不管你要表達的感情有多豐富，思想有多複雜，總可以找到合適的符號表達出來。人類創造和運用符號的能力，恐怕連上帝（如果存在的話）也會為之驚歎。

3.3 文字裏有魔鬼──編碼技巧

文字符號系統只是眾多符號系統中的一種，它不如體語形象可感，也不如說話直接可聞。文字符號是抽象的，它的傳播方式往往是間接的，即傳者與受者往往不處在同一時空。

但是，有了文字符號，人類的傳播就成了可以跨越時空的傳播，你可以讓遠在天涯的朋友讀到你寫的書信，你也可以把你的思想以文字的形式記錄下來，傳給後世。正是因為文字符號有這樣的優勢，所以社會越進步，它的傳播用途就越廣。

我們掌握的文字系統總是有限的，但它表達的意義卻是十

分豐富的。猶太人說文字裏有魔鬼，說的就是文字符號具有的表意魅力。

我們已經知道，文字符號具有表意的功能，這是因爲符號與意義之間有約定俗成的聯繫。文字符號系統與它們所表意的世界的聯繫，有三種情況：一是一一對應的關係。如「太陽」一詞就對應天上的太陽，「地球」一詞就對應我們所居住的地球。二是一與多的關係。一個事物，一個意義，可能有多個文字符號來表達，如舊時稱馬，就有駝、駢、駔、駒、駕、驍、駿、騏、驥等等，不下幾十種；反過來，也有多個事物多個意義由一個文字符號來表示的。漢語中的動詞，包含意義最多的莫過於「搞」了：搞勞動、搞飯吃、搞科研、搞文章、搞對象⋯⋯第三種情況是，某些意義沒有現成的文字符號與之對應，於是用其他言詞來表達。

上述三種情況，我們還可分別細述之。

第一種情況最爲普通。我們接觸文字最初就從此入手。啓蒙課本上的天、地、田、人、手、足，都是有具體的圖片對應的。但我們知道，世界上新生的事物總是不斷出現，所以，人們總設法給新的事物命名。這種命名有兩種情況，一是利用原有的文字組合成新詞，一是造出新的文字符號來專指。前者如「電腦」、「火車」、「汽車」等。後者最爲典型的當數化學家給新元素命名了。在當今已發現的一百餘種化學元素當中，使用原漢字命名的不超過二十種，有八十多種元素名稱，都使用一些從沒見過的「漢字」，有些是生造的，多數是轉寫了原名的第一個讀音，加上一個指類偏旁，形成一個幾乎讀不出來的漢字，如鋂、鉫、釘等等，有人把化學家稱爲今日的「倉頡」，就是針對這一情況而言的。

　　第二種情況指的是文字符號與所代表意義呈多重對應關係。一方面，一個事物意義可以有多種符號表示。出現這種情況，主要是這一事物與人們的生活關係非常密切，細分之便於人們在傳播中對此特徵把握更為清晰。如前面提到的各種馬，駓是指毛色黃白相雜的馬，騂是指赤色馬，僅僅是毛色的差異。今天，馬不再作為重要的交通工具，這些區分慢慢失去了意義。這就像「雪」這一符號，在中國的字典裏，用這一個文字符號表示就夠了，最多以大、中、小來區別其規模。而生活在冰天雪地的愛斯基摩人那兒，他們可以透過許多不同的詞語分出不同形態的雪來。又如中國傳統中強調血親的作用，六親九族，龐雜精細，為區別血緣的親疏，不同的關係有不同的稱呼。而西方這方面觀念不強，就不大做區別。所以，漢語中的伯父、叔父、舅父、姑父、姨父，英語中一律稱uncle。另一方面，一個符號可表達多個意義，其原因正好與上述情況相反，人們並不在乎對事物及意義的差別做精細區別。這種情況特別是在口語中出現較多。因為口語有其他的表意符號（如體語）參與，並形成習慣，相對來說，不如書面語要求那麼高。如上海人用「打」字，做家具是打家具，寫條子是打條子，去理髮店理髮說成是「打頭」。外地人不習慣這一用法，極易生出誤解。

　　第三種情況更為複雜，主要是傳者的一些個人的獨特感受如何巧妙地借助已有的文字表達出來。我們不妨結合「文不逮意」這命題來說明之。

　　晉人陸機在〈文賦〉中提出「恒患意不稱物，文不逮意」，這似乎道出了許多作家心中之塊壘，附和者不少。王士源在〈孟浩然集序〉中云：「常恨言語淺，不如人意深。」蘇東坡也

常嘆了然於心，不能了然於口與手。清人汪中在《述學·別錄·與巡撫畢侍郎書》中也不厭其重複：「所爲文恒患意不逮物，文不逮意。」

類似的感歎在西方文中也不少。大文豪歌德謂「事物之眞質殊性非筆舌能傳」。維根斯坦（Ludwig Wittgenstein）則說：「在言語中表達的東西，我們不能用語言表達出來。」

有人認爲，「文不逮意」的原因在於文字的使用者學問有限，文字表達能力不強。如唐大圓在〈文賦注〉中就持此說。然而，不少人都注意到，「文不逮意」之感歎恰恰是出自大師之口。徐陵在《孝穆集·讓五兵尚書表》中就指出：「仲尼大聖，猶云『書不盡言』；士衡高才，嘗稱『文不逮意』。」劉勰在《文心雕龍·序志》中也說，「但言不盡意，聖人所難。」這些語言大師的感歎，絕不是故作謙虛的「作秀」。

問題出在哪？原來這些思想家、文學家所思考的內容十分獨到，所感悟的內容相當精妙，的確很難用日常的語言符號表達。也就是說，「文不逮意」中的「意」，並不是指觀念形態，而是人們感覺得到卻難以傳達出的名狀之物。這種無以名狀之物，古人屢屢提及，如老子所說的「道」，如莊子所舉的例子「輪扁斫輪」，蔣濟看人，何以「觀其眸子足以知人」，以及禪的學說等等。而這些「不可名」的內容，在思維時就不可能借助文字語言爲工具，但它們又確實以某種「意」象存在於人的思維之中。這種「意」的傳達外化，就須轉換爲可交際的符號，即借用文字符號表達之。這實際上是強人所難地將「不可名」之物予以「名」了。所以，由「意」到「文」，就有不逮之窘。正如劉勰在《文心雕龍·神思》中所言，「是以意授於思，言授於意，密則無際，疏則千里。」當作者以「意」思維時，可

以「神與物遊」，天馬行空，「夫神思方運，萬途競萌，規矩虛位，刻鏤無形」。無形之物、虛幻之境都進入了思維之中。但以言辭外化時，就深感進入語言系統的困難，故劉勰頗有感觸地說：「方其搦管，氣倍辭前，暨乎篇成，半折心始，何則？意翻空而易奇，言徵實而難巧。」

　　卡西爾在《人論》中說：「我們的審美知覺比起我們的普通感官知覺更為多樣化，並且屬於一個更為複雜的層次。在感官知覺中，我們總是滿足於認識我們周圍事物中的一些共同不變的特徵，審美經驗則是無可比擬的豐富，它孕育著在普通感覺經驗中永遠不可能實現的無限的可能性。」在文學創作中，最難傳達的恐怕非情感莫屬了。老舍這位語言大師，在他的〈想北平〉中老是說：「我真愛北平。這個愛幾乎是要說而說不出的。」「言語是不夠表現我的心情的，只有獨自微笑或落淚才足以把內心揭露在外面一些來。」「我將永遠道不出我的愛，一種像音樂和圖畫所引起的愛。」的確如此，對於深沈的、但又無形不可名狀的情感的表現，恐怕誰都會陷入「找不到恰當的詞語來形容」的困境。陶淵明〈飲酒〉：「採菊東籬下，悠然見南山。山氣日夕佳，飛鳥相與還。此中有真意，欲辨已忘言。」可名的似乎都名了，唯獨這「真意」忘言可狀。忘言即無言，朱光潛在〈無言之美〉中對這一現象做過探討，認為人的感情絕不是完全可以用言辭表達的。這正應了《莊子·秋水》之語：「可以言論者，物之粗也；可以意致者，物之精也。」

　　瞭解了「文不逮意」的實質，我們就可以肯定：對於那些語言表達能力很強的人，「文不逮意」並不意味著他們所掌握的辭彙不夠，而是由「意」到「文」的轉換困難。事實上，他們在表意時，總是極力去尋找可能近「意」的言辭去「名」

之，去言說。法國人福樓拜反覆教導學生莫泊桑去尋找最「準確」的言辭傳意的例子且不去談，僅以我國古人在這方面的例子來說就不少。「吟安一個字，拈斷數莖鬚」，說得雖有些誇張，但足見他們明知山有虎偏向虎山行的努力。

「文不逮意」現象客觀存在，但對這種現象人們所採取的態度，卻有消極和積極之分。

消極的態度，便是完全放棄對言辭的運用，信奉一切都「只可意會不可言傳」。這方面，最典型的便是禪的表達方式了。「大象隱於無形，大音匿於希聲」，既然如此，言辭對於資訊的傳播完全是無為的了。據說釋迦牟尼是無師自通的成佛者，沒有透過導師和經典的傳授，因此特別重視「悟得」，他提倡的「心心相印」，就是一種幽妙的心理交流。雙方不藉言辭溝通，而憑心有靈犀一點通。所謂「靈山會上拈花微笑」即是如此。釋迦牟尼想把他證悟的境界和心中體會傳給弟子，用「拈花微笑」示意。很巧，摩迦訶葉就會意了。即使這種心靈默默交流的方式是可能的，但一般人是達不到這一境界的，大多數人都因無法解讀這些傳播方式而不免莫名其妙；並且，這種傳播方式的局限性十分明顯，不可能遠距離傳播。

積極的態度，就是去超越「文不逮意」的障礙，增強言辭的表達力。這一積極態度，千百年來成為人類傳播中息息不止的動力，極大地豐富文字傳播中的表現手法。

前面說過，言辭表達最大的困難在於那些尚難以名之的無形之「物」，如情感、神韻等。既然不可名，便用「意會」的辦法，透過可名的甲物去暗示不可名之乙「物」。這是中國最古老又最具生命力的傳情達意的方式。如我國古代文字中的「六書」，其中有指事、會意，據許慎《說文解字‧敘》中說：「指

事者，視而可識，察而見意」，「會意者，比類合誼，以見指撝」。這都可視爲意會的辦法，都是從某些實有的符形上去領會那些難以直指之義。這種辦法大大擴大了文字交流範圍，據清人朱駿聲對《說文解字》的統計，其中象形字只有三百六十四個，而指事、會意字達一千兩百多個。《易·繫辭》中提到的「立象以盡意」，也是典型的意會法。這些，給後來的作家在藝術上以莫大的啓示，如詩歌中的比興，說到底就是以比喻、象徵的手法去立象會意。章學誠在《文史通義·易教下》中說：「易象通於詩之比興。」正是有見於此。

劉勰在《文心雕龍》中提出的「隱秀」，也體現了意會的原理。所謂「隱」，包含了心意情志等方面的內容；所謂「秀」，說的是物象容貌等內容。「情在詞外曰隱，狀溢目前曰秀」，「隱」的內容是由「秀」而意會的，這也就是古人所樂道的韻外之致，味外之旨。有些論者認爲「隱」是指作家將某些原本可以言說的內容有意隱去不說，其實這是文字無法直接表現的內容，故梅堯臣說，「詩家雖率意而造語亦難」，這就得「含不盡之意，見於言外」（《六一詩話》）。又如葉燮在《原詩》中所云：「必有不可言之理，不可述之事，遇之於默會意象之表，而理與事無不燦然於前者也。」

文學作品中的意會，需要透過甲物與乙物的聯繫而由甲及乙。透過可名的甲物去暗示不可名的乙「物」，通常表現爲比喻和象徵。就說比喻，據說先秦時期的惠施愛用比喻，達到了不用比喻無法傳播的地步。有一次梁王叫他講話時不要用比喻，惠施說：「今有人於此而不知彈者，曰：彈之何若？應曰：彈之狀如彈，則喻乎？」王曰：「未喻也。」於是改曰：「彈之狀如弓，而以竹爲弦，則知乎？」王曰：「可知矣。」惠施解

釋說，透過已知之物來比喻未知之物，人家就明白了，如果不比喻，則無法讓人知道。

　　單個的比喻往往只取甲物與乙物的某一點聯繫，在「意」比較單一的情況下，它是能信任的。在「意」比較複雜的情況下，就顯得有些掛一漏萬，所以這時就不惜連用多個比喻，從不同的角度去會意，這就是博喻，錢鍾書先生形象地稱之為「車輪戰法」。請看朱自清先生的散文〈荷塘月色〉中的一段描寫：

> 曲曲折折的荷塘上面，彌望的是田田的葉子。葉子出水很高，像亭亭的舞女的裙。層層的葉子中間，零星地點綴著些白花，有裊娜地開著，有羞澀的打著朵兒的；正如一粒粒的明珠，又如碧天裏的星星，又如剛出浴的美人。

　　這裏連用了三個比喻，形容荷花之態。比起單個的比喻來，博喻從多角度來摹狀事物，所傳的資訊的確大大豐富了；但博喻有時也無法盡意，這時就用象徵，在象徵中，甲物與乙物的聯繫是多層次多方位的象徵體的意蘊，也就變得豐富起來。也許，如比喻一樣，象徵也不能完全盡意，但畢竟所傳之意大大增多了。

　　這與禪說的意會是有所不同的。禪說中的思想交流，也常以言某物來暗示禪理，但甲物與乙物之間的對應相距甚遠，有時甚至風馬牛不相及。如問什麼是佛，其回答可以是「麻三斤」，也可以是「乾屎橛」。這樣的「意會」，會意的可能性就極小。甲物與乙物聯繫的角度、面積、程度等條件，直接影響到對乙物的意會。

　　以上討論的意會法，僅僅是人類超越「文不逮意」的方式

之一，其他方法不勝枚舉。文字符號對於情意的表達永遠有所「不逮」，人類對於「文不逮意」的超越也永遠不會停留在已有的方式上。這種超越將使得人類的傳播活動永遠充滿生氣，其傳播內容和傳播方式都在不斷創新。

3.4 舊瓶裝新酒及其他——新聞傳播中的資訊編碼

　　新聞傳播是大眾傳播最主要的管道。新聞傳播的資訊編碼就格外受人重視。

　　傳播學認為，新聞傳播的資訊編碼，由以下幾對關係構成其特殊性：

　　其一：創新與沿舊的關係。

　　創新，可以說是一切事物生存發展的基本原則。按照耗散結構理論，一切事物的運動都是一個不斷地向外界耗散物質和能量的過程。只有同時不斷地從外界補充物質和能量，始終處於一種動態平衡系統狀態，事物的發展才有可能。任何一種傳情達意交流資訊的表現有賴於它的表達方式、技巧、手段等因素，每被重複使用一次，它的熵就增加一分。耗散結構理論認為，隨著熵的不斷增加，自然界的發展便會呈現出從有序到無序、從複雜到簡單的退化過程。這就是第一個把女人比作鮮花的是天才，第二個再重複此說就是庸才，第三個再重複此說便是蠢才的原因。

　　中國古代描寫女子，最著名的言辭當數「沈魚落雁」、「羞花閉月」了。從表達效果來說，這的確是非常精彩之筆了。寫

美的事物，不從正面落筆，而寫美的效果，短短的文字中包含四個意象，生動形象。但這種「得意的話」被反覆使用後，就成了陳詞濫調，沒什麼吸引力了。要克服這種退化過程，就必須不斷從外界吸收新的營養，以創新來抵制老化。

　　對於新聞編碼而言，創新同樣是必需的。中國人民大學新聞學教授鄭興東先生認為：「對於大眾傳播來說，並非是越新穎越好。大眾傳播的一項重要藝術恰恰在於恰當地把握新穎度，正確處理新穎性和可理解性的關係。在大眾傳播中常採用比喻的方法，比喻的功效之一就在於把一個人們本來生疏、陌生的事物與一個熟悉的、瞭解的事物聯繫起來，降低了生疏、陌生事物的新穎度，從而增加了對生疏、陌生事物的理解。『舊瓶裝新酒』，在日常生活中是常作為貶義詞語來使用的，但在大眾傳播中，如果運用得當，卻不失為增強傳播效果的一種方法。因為全新的內容如果已不好理解，再採用全新的形式，無疑更會增加理解的難度，削弱傳播的效果。」[2]

　　在新聞報導中，套用一些現成的說法、流行的說法這類情況也屢見不鮮。信手以幾個新聞標題為例：

　　　　大寨也不吃大鍋飯了（1982 年 12 月 21 日《羊城晚報》）
　　　　六百勇士鬥死神　雷場放飛和平鴿（1994 年 9 月 25 日《解放軍報》）
　　　　河南兩重點項目貪大求洋釀苦果（新華社 1998 年 4 月 26 日電）

　　上述三個標題中，「大鍋飯」、「死神」、「和平鴿」、「苦果」都是套用現成的說法，將較多的資訊簡縮在較短的文字裏。

　　這一情況令人聯想到北京師範大學著名學者啓功先生關於寫作中「用典」的見解。他說，胡適曾提到要廢除用典，這要具體情況具體分析。「典故多了或生僻了，不好懂，廢除這樣的用典，作文章、寫詩絕對不用，這可以。不過有些典故，卻不是這麼簡單。有的典故是以往已成的故事，一件事情。再提到它時，它無形中就成了一個典。比如有人問我，今天你到哪兒去了？我說我到演播室。演播室是什麼？是個名稱，是演播的地方。這演播室誰也用不著解釋離主樓多遠，離宿舍多遠，它在哪裏，生活在師大的校內的人，一說就明白，無形中就是一個典。」顯然，啓功先生是從廣義的意義上理解「典故」的。啓功先生認為，用一個「典」，可以幫助作者省略許多話。這無疑是增大了文章的資訊密度 [3]。啓功對「典」的理解，實際上是道出了資訊傳播中「共知前提」的意義。我認為，典的意義是一種文化的積澱，其意義早就約定俗成。它存在於作品之外，每次參與到新的傳播中，就成了一種共知前提，成為人們理解新的資訊的前結構，觸發讀者腦子裏更多的資訊參與對新的資訊的理解。

　　當然，用「典」也有個度的問題。某個流行的、現成的說法，如果是過於頻繁使用，就等於是對某個礦藏的過度開發，會使得該礦迅速地貧乏而蒼白起來。應當明白，沿舊並不是偷懶，其目的是讓讀者更容易理解好報導的內涵。一段時間，不少報紙的新聞標題愛套用流行歌曲名。如說到某個東西有問題必定是：×××，想說愛你不容易。如說到某個事情的原因，就會說：都是××惹的禍。或是：×××，掀起你的蓋頭來。如此等等，使用過多，就令人生煩。有人曾在《羊城晚報》上著文譏諷道：「無論何時何地，只要什麼東西好看一點特別一

些，就一定有『亮麗的風景線』出現；無論何人何物，一經出臺就少不了『閃亮登場』。『文革』期間，曾經流行過『將無產階級革命進行到底』的口號，這一口號隨著『文革』一起夭折了。可是自從電視劇《將愛情進行到底》『閃亮登場』後。『將××進行到底』很快又成了語言文字中『一道亮麗的風景線』，到處都在『進行到底』，一份報紙在同一天的三個版面中，居然用了三個『將××進行到底』格式的標題！」[4]

　　許多年以前，鄒韜奮先生就對只知道模仿而不會創新的作法，提出過尖銳的批評，稱之為「肉麻的模仿」：「自從《胡適文存》出版之後，好了，這裏出一部『張三文存』，那裏又出一部『李四文存』。好像不印文集則已，即印文集，除了『某某文存』這幾個字外，就想不起別的稍微兩樣一點的名稱。我看了實在覺得肉麻！這種沒創作精神的『文豪』，只怕要弄到『文』而不『存』！」「還有許多作文章的人，見別人用了什麼『看了……以後』做題目，於是也爭相學樣，隨處都可以看見『聽了……以後』，『讀了……以後』的依樣畫葫蘆的題目，看了實在使人作嘔！我遇見這一類的題目，便老實不再看下去，因為『以後』的內容也就可想而知！」[5] 鄒先生的話雖不完全是針對新聞界而言，但他指出的這一現象可讓我們引以為戒。因此，新聞編碼中一定要注意處理好創新與沿舊的關係，把握一定的新穎度，讓讀者既較容易讀懂報導內容，又給人新鮮不落舊套之感。

　　其二：準確與生動的關係。

　　有一則故事說，一作家與一記者在一起談論各自的職業特徵。作家對記者有些蔑視，便說「我倆的工作都是吃草，但我們擠出來的是奶，而你們拉出來的是糞」。記者不卑不亢地說，

「不錯，我們都吃草，但我們拉出來的還是草；而你們有人擠出來的是奶，有人卻拉出來了糞」。這個故事形象地說出了文學編碼與新聞編碼的區別。倘若我們把「草」與「奶」分別賦予「準確」與「生動」之意，可以說記者寫作報導，第一要求是準確。

　　準確是新聞編碼最重要的原則。新聞界歷來把「準確、準確、再準確」奉為寫作格言。新聞報導中的準確，包括事實準確、思想準確、措詞準確幾個方面。措詞準確與否直接影響到其他兩個方面的準確性。新聞編碼的準確性與新聞報導的真實性是密切相關的。

　　一些論述中也有把生動性當作新聞編碼的要求來提倡。生動不是壞事，是報導加強可讀性的重要策略。但如果是同時面對準確性與生動性時，毫無疑問，準確是第一位的，是最根本的。一些報導為求生動而犧牲了準確，這就有些捨本逐末了。曾獲中國全國好新聞獎的〈近百萬盆鮮花無一丟失〉，就有這方面的「美中不足」。消息中說，「到目前為止，沒有一盆丟失，甚至沒有一盆受到損壞」。嚴介生先生對此種表述就提出了批評，認為是自相矛盾的說法：總共有多少花？很難說精確。又怎能知道丟了一盆還是沒丟呢？顯然，這樣的報導只顧求文字的生動了。嚴介生先生由此指出一些報導寫作中的通病：把說「過頭話」、「絕話」、「大話」當成「有勁」。如某新聞說某實驗室「沒有花國家一分錢」，搞成一個較大的科研項目。又如一些報導寫一位先進人物廢寢忘食地工作，就說他多少年來「沒有吃過一頓準時飯」，「沒有睡過一個囫圇覺」；寫一對老夫婦感情好，就說他倆結婚幾十年「從未紅過一次臉」，如此等等。「這些話，作者覺得寫得很有勁，但讀者讀起來卻感到沒有勁，

因爲一看就覺得不是那麼回事」[6]。

　　一些新聞寫作者不善於透過對事實的準確描摹來吸引讀者，總想靠手下妙筆生花。結果越是這樣，就越有可能與事實的準確度南轅北轍。二〇〇一年六月，中國大陸一些媒體爭相報導成都市五中十七歲的高三女生馬欣，收到了美國二十三所大學的錄取通知書，她最終選擇了馬里蘭胡德（Hood）大學的電腦專業。媒體稱此是「美國二十三所重點高校爭搶成都一女生」。對此，《工人日報》載文對這篇報導的準確性提出兩點質疑：「一是到底誰在『爭搶』？明明是馬欣向美國三十所大學發出了入學申請，換句話說，是馬欣『爭搶』著要去美國上大學，怎麼成了爭搶馬欣？錄取她的任何一所美國大學又沒與其他二十二所大學互通資訊，只是認爲她符合入學條件就錄取了，又何談爭搶！從基本常識、正常邏輯上講，人家似乎還沒到二十三所大學非錄取一位中國中學生不可的地步。再就是所謂的美國『重點高校』。『重點高校』是中國特色的稱謂，請教了幾位教育界朋友，他們都不知美國還有『重點高校』的說法，那麼，這『重點高校』從哪兒來的？」兩點質疑中，第二點可能是作者的無知造成的，也有可能是故意把話說得「有勁」點。但第一點卻的的確確是因爲作者爲求生動而忽略了準確性。類似這種例子不勝枚舉。新聞編碼不能把「生動」凌駕於「準確」之上。

　　某些「生動」的表述往往充滿了作者的感情色彩。而這種主觀性較強的文字，又有可能放縱對事實真相的嚴格把握。爲了讓新聞編碼更加準確，西方的一些論著中提出過不少的寫作限制，有不少是值得借鑒的：

　　——少用形容詞，多用動詞。「在新聞寫作中，你應該像找

對象那樣找動詞，而盡可能地少用形容詞、副詞。」這是西方新聞界的名言。動詞富有動感，只要選擇準確，就可以恰當地表現對象的現狀和動態。而形容詞和副詞對事物的把握一般是從量上著眼的，在使用上如失之分寸，在效果上則有可能差之千里。

　　──多用中性詞，少用過於煽情的詞。美國密蘇里大學新聞學者約翰‧梅里爾（John Merrill）一九六五年研究發現，《時代》（*Time*）在提到美國三個總統講話時，有一套選擇好了的「固定」詞語。艾森豪威爾是：「高興地咧著嘴笑著說」、「謹慎地指出」、「親熱地與人聊天」；杜魯門是：「唾沫飛濺地嚷道」、「氣急敗壞地咆哮」、「粗暴無禮地說」、「冷淡地說」；甘迺迪是：「宣布」、「聲明」、「堅持認為」，但通常的情況下是「說」。可見該刊對三位領導人的態度。但這種褒貶鮮明的用詞，是否有助於準確揭示對象的實質，卻是值得懷疑的。

　　──注意詞義的本義，分辨詞義的差別。一些記者在報導用詞時，既愛套用舊說和典故，但又往往不顧詞的本義，牽強附會，造成表述的不準確。如某人在體育比賽中得了冠軍，報導就說「某某問鼎冠軍」，某隊失利，就說「某隊未能染指金牌」。如此等等，禁不起推敲。由於歷史的積澱，一些詞語的意義是不能輕易亂作變動的。舉某報兩例：一篇名為〈學法為犯法 「臥虎」臥囚籠〉的報導，寫到綁架犯駱曉勇被湖南省桂陽公安局的民警抓獲時，所用的小標題為「虎落平陽」。「虎落平陽遭犬欺」是有固定含義的，用在這裏，就暗含了犯人與公安部隊的關係是虎與犬的關係，顯然是站不住腳的。又如〈希波肉串「綠帽」名不副實〉，說該產品不是綠色食品，自稱綠色食品只能是「自戴『綠帽』」。這也是詞語亂用。「綠帽」一詞有

固定含義，將其與綠色食品標識等同，既不準確，也有失嚴肅。

其三：精確與模糊的關係。

精確與準確有著密切的聯繫。從某種意義上來說，精確是準確的象徵性標誌，求精確有助於新聞報導真實性語境的形成。所以，一些紀實性的文學作品把這一點當成以假亂真的策略。請讀下面這段文字[7]：

> 我們應當相信他（巴克）那力求客觀公正的報導動機，但至少有一處，巴克先生的報導失真：他說球迷從看臺上朝場內擲了番茄，但事後經中國有關部門細心統計，從容納八萬人的看臺上擲進場內的物品，共計軟包裝汽水瓶兩千九百九十五個，汽水瓶一百五十六個，麵包一百四十三個、半截磚頭十三塊，蘋果十五個。當天番茄在北京的牌價每市斤超過一元，而且並不好買。

如此精確的數據，幾乎讓人覺察不到這是一篇小說。可見精確對於營構新聞真實性語境有多麼重要。這就不難理解西方有人將新聞準確性當精確性來追求，形成流行一時的精確新聞。它要求新聞報導要使用更加精確的數學語言，去描摹事物的狀態。

處處都要用精確的數字來做描述，這顯然走了另一個極端。一些對象是可以「量化」爲精確的內容的，但也有些對象既不便精確，也不必精確的。一則幽默故事中說，一名美國記者奉命去「精確」報導某非洲國王加冕典禮，結果犯了人家的忌。在獄中他給主編報告說：「我清點通往王座的臺階數，在數到三百四十三級臺階時被捕。」這或許可視爲對此的譏諷。

　　的確，一方面，爲了把握好事物的狀態特徵，我們主張在新聞報導中少用含混不清的、籠統的詞語。盡量不用「不久前」、「前不久」、「長期以來」、「最近」等打馬虎眼的時間概念；盡量不用「許多」、「難以計數」、「極少」、「廣大群眾」一類比較籠統的詞語；盡量不用「差不多」、「也許」、「可能」等模稜兩可的判斷。但另一方面，新聞報導中又少不了模糊語言的運用。

　　事實上，我們在日常生活中對一些事物的把握往往是無法精確起來的。模糊語言的使用也就勢在必然。所謂「模糊語言」，是指語義所體現的概念外延，即概念的邊緣區域沒有涇渭分明的界限，而在中心區域，此概念與彼概念的區分是清楚的。如「早晨」與「上午」、「青年」與「中年」、「胖」與「瘦」等等，這些都只能是相對而言的描述，難以精確。中國古代有一著名的詭辯命題，叫「禿子即滿頭秀髮」。辯者先是請給「禿子」下定義。答，頭上無髮即禿子。又問，有一根頭髮算不算？當然也得算！復問，兩根算不算？還是算。如此一根一根地往下推，竟然無法在哪一根時做出劃分。最後當然就推出了「禿子即滿頭秀髮」這一結論。這一詭辯抓住了人們在某種情況下難以精確地把握事物性質的事實，把這一點推向了極端。

　　模糊與清晰是辯證統一的；新聞報導中，合理地使用模糊語言，有時可獲得對事物的清晰把握。如「南京市的綠化工作做得好，近來到這裏學習的人越來越多」、「前些天，北京的街頭巷尾都在議論，醬油爲啥滯銷」等表述，表時間的詞「近來」、「前些天」，表程度或範圍的「越來越多」、「街頭巷尾都在議論」、「做得好」等，都是模糊詞語，都用得很恰當，表述也準確。可見，模糊語言並不等於模稜兩可。它是依靠語義的

模糊性而獲得思想表達的確定性。

其四：概括與具體的關係。

新聞編碼強調現場感。它要透過文字的敘述，讓讀者產生如臨其境之感。語言越是具體，就越能產生這種效果。而概括會使語言抽象，事物的實際面貌變得模糊不清，並且還有可能產生歧義。日本學者早川一榮曾設計過一個他所謂的「抽象階梯」來說明這一點。他舉了一頭名叫「貝茜」的乳牛為例：

第一級——科學上知道的微觀乳牛和亞微觀乳牛

第二級——我們所看到的乳牛

第三級——貝茜這頭特定的乳牛

第四級——乳牛，我們用這個符號代表包括貝茜的所有乳牛

第五級——牲畜，這是一個更抽象的符號，代表乳牛以及豬、馬、羊等共有的特點

第六級——農場財產，這個符號代表牲畜以及農場中其他東西所共有的特點

第七級——財富，它包括了農場財產以及其他方面的所有資產

顯然，越是處於這一「階梯」的高處，乳牛「貝茜」的具體特徵就越少，高度的概括抽象把它的面貌變得模糊不清甚至無影無蹤了。

所以，對新聞編碼，傳播學家的意見是：多用子概念，少用母概念。母概念外延較大，內涵較小；子概念則外延較小，內涵較大。一般來說，越是小的子概念就越具體，越是大的母概念，也就越抽象概括。如「一個人在吃東西」、「一個孩子正

在吃水果」、「一個嬰兒正在吮吸楊梅」這三句話，一句比一句具體，因爲它由母概念不斷走向子概念，由概括抽象走向實指。

但概括性的編碼也有其優點。它對事物的把握簡潔幹練。如果沒有概括，一個最簡單的事情都得嘮叨半天。陳力丹先生指導新聞寫作者的業務時說：「所敘述的事實，不可能從頭到尾詳詳細細地描述，特別是不大的事實，更沒有必要這樣描述。你對植樹過程的描述就太詳盡了，你想想，一個都不知道你們村子在哪兒的讀者，會對非常具體的植樹技術、過程感興趣嗎？會對植樹結束後回家洗臉洗腳、與家人打招呼的情節感興趣嗎？他知道某村全體出動植了一天樹，這就夠了。所以你對事實的敘述一定要簡約、概括，不能面面俱到。」[8] 新聞報導中，記者不可能也沒必要對所有的場景、人物、事物都做精雕細刻。如對一場景的描摹，只有做「特寫」時，才用得著具體細描。在做遠景描繪時，就有必要用概括性的敘述了。

一般來說，何處概括何處具體，取決於資訊量的大小、資訊質的輕重。正像一位詩人說過的那樣，在「有詩」的地方，他往往用慢鏡頭，在「無詩」的地方，他就用快鏡頭跳躍而過。同樣，新聞報導中，在資訊量較大的地方，需要我們用「慢鏡頭」，把它表現得很具體；在資訊量不大或次要資訊處，就需要用「快鏡頭」，概括性地一筆帶過。

在具體編碼時，還要注意概括與具體的辯證關係。傳播學家溫德爾·約翰遜（Windahl Johnson）提出過「死線抽象」一概念。它是指在語言編碼時，只在「抽象階梯」的某一級上使用語言，就等於把語言釘死在某一抽象水平線上。這條死線可能是一條抽象程度較高的線，如上面提到的早川一榮的「抽象

階梯」中處於第六級的「農場財產」這一條線上；也有可能是一條抽象程度較低的線，如「抽象階梯」中第二級「我們所看到的乳牛」這一條線上。不管是高是低，只要你的表述老是停留在一條線上，就叫「死線抽象」。普通語義學認為，有效的、生動引人的傳播應該沿著抽象階梯有上有下地跳動，絕不要死釘在某一級上。有學者為此打了個比方，「語言的高度抽象就好比是乾飯，低度的抽象則好比是稀飯。如果總讓你吃乾的，你肯定會感到噎得難受，不好消化；相反的，總喝稀的又會覺得吃不飽，少氣無力。」[19] 就像一曲調，有高音低音，陰陽頓挫，婉轉迴盪。讀者不妨自己找一篇可讀性較強的文章，去具體感受一下。

其五：專業化與通俗化的關係。

新聞報導的對象具有專門化的特性。它的報導對象取材於個別事實，往往限於某一專業、行業各部門。而報導的讀者面卻是超越行業和部門的。俗話說，隔行如隔山。此行業的讀者要讀懂彼行業的內容，不可能沒有一點困難。

對於新聞報導而言，適當的專業化語言是傳達報導對象所需的。如果報導語言沒有專門化色彩，往往難以準確地報導新聞事實；另一方面，如果過於專門化，又使眾多的讀者讀不懂，影響傳播。這構成了新聞語言的兩難困境。

新聞作品要有較強的可讀性。可讀性中就包含有易讀性。過於專業性的表述無疑增加了讀者的接受難度。施蘭姆認為，人們選擇資訊的可能性與資訊本身的難易度密切相關。他用公式表示如下：

選擇的或然率＝報償的保證／費力的程度

　　他解釋說：「要提高選擇某種傳播管道的或然率，既可以透過降低分母值（預期的困難），也可以透過提高分子值（預期的報償）。」[10] 可見，在資訊值不變的情況下，降低資訊接受的難度，是取得好的傳播效果的必然選擇。

　　在新聞資訊編碼時，記者應當努力將專業性的內容用通俗的形式表述之。請比較下面兩條導語的寫法：

　　　　中國遼寧省東溝縣氣象站不僅能夠基本上準確地做出短期、中期和長期預報，而且還能做出超長期天氣預報。

　　　　絕大多數氣象站可以告訴你今天、明天甚至兩個星期內是否下雨，然而中國一個縣氣象站不僅可以做到這一切，還能相當有把握地對今後十年內的氣象變化做出預報。

「短期」、「中期」、「超長期」等術語，一般讀者不易明確掌握，而通俗的說法既把資訊說明白，又表述得非常準確。

　　一位外國科技新聞編輯說得好：「科技新聞的寫稿人，在某種程度上就是對神秘的科技語言的翻譯者。」[11] 我國新聞界有人將此稱為「第二種翻譯」。《經濟日報》曾刊登詹國樞寫的〈從煮餃子說到規模經濟〉，就可視為「第二種翻譯」的一個很好的例子。「規模經濟」與「產品經濟規模」這本是一個經濟學方面專業性強的話題，一般讀者不可能都理解它的含義。但詹國樞巧妙地將它與老百姓日常生活中的「煮餃子」聯繫起來，將一個專業性的問題「翻譯」得非常通俗。請讀這幾段文字：

　　　　朋友，如果我向您提一個小的要求，請您幫我煮一個

餃子，地道的韭菜、肉末、蝦仁做餡兒，精白粉做皮兒的三鮮餃子；但不要多，只煮一個。您一定會說，別開玩笑了，要吃，咱就好好的下一鍋，只煮一個，誰那麼傻？

是的，即使只煮一個餃子，也得買菜、剁餡、擀皮兒、包餡、生火、燒水、下餃子……一道程序都不能少，餃子雖然還是餃子，那「成本」恐怕就高得令人咋舌了。

但是朋友，您可知道，在咱們一些地區、一些企業，過去、現在（或許將來），還在幹「只煮一個餃子」的傻事兒呢！

不過那不是煮餃子，而是辦企業，出產品。

這就引起了「規模經濟」和「產品經濟規模」的話題。

施蘭姆認為，有效的傳播必須依賴於傳通雙方的經驗範圍。將專業性強的內容轉換成通俗的內容，是巧妙地以受眾的經驗為橋梁，從而完成新資訊的傳遞。

註　釋

[1] 尼葛洛龐蒂，《數字化生存》，頁44，海南出版社，1997年版。

[2] 鄭興東，《受眾心理與傳媒引導》，頁157~158，新華出版社，1999年版。

[3] 啟功，〈漢語詩歌的構成及發展〉，載《文學遺產》，2000年第1期。

[4] 見2000年12月11日《報刊文摘》。

[5] 見1928年8月12日《生活月刊》。

[6] 嚴介生，《美中不足——評析七十二篇好新聞的疵點》，頁163～164，中國廣播電視出版社，1993年版。

[7] 劉心武，小說《5、19長鏡頭》。

[8] 陳力丹，《通訊員習作點評》，頁70，中國廣播電視出版社，2000年版。

[9] 李彬，《傳播學引論》，頁61，新華出版社，1993年版。

[10] 施蘭姆，《傳播學概論》，頁114，新華出版社，1984年版。

[11] 轉引自張選國，《應該怎樣寫》，頁24，新華出版社，1998年版。

4. 傳播媒介

　　今天，全球公民的生活，被包裹在與物質和象徵的傳播模式的似乎是無休止的接觸之中。人們在公共汽車和火車上看各種各樣的報紙，用汽車收音機接收晨間新聞，慢跑者在鍛鍊身體的同時聽有聲書，人們在電視前面做愛。現代性的傳遞資訊的經驗是一種「旋轉而變幻不定的情景」（麥克魯漢，1951：V）。在麥克魯漢（H. Marshall Mcluhany，又譯麥克盧漢）看來，描述現代性的最佳途徑，就是將其看作在時空上永不停息地對資訊進行重新定位。在此，各傳播系統使我們與各種不同觀點保持經常和直接的接觸。時間和空間的彼此協調已經消失，迎來了這樣一個世界：書本文化所培植的個體化獨立感，被人人都「深刻地牽涉到每一個他人」（麥克魯漢和菲奧里，1967：61）的感覺所取代。諸種新媒介的迅猛發展，破壞了文字傳播形式對視覺的偏倚，使全球公民都回到了一種共同的文化，這種共同的文化與口語社會的文化有許多相似之處。全球村已將等級、統一和個體化的印刷製作橫掃於一邊，取而代之的是一種更可觸知的同步文化。

　　——[英]尼克・史蒂文森（Nick Stevenson）：
　　　《認識媒介文化——社會理論與大眾傳播》

　　電腦媒介已經開始改變人們社會化和界定自己的方式。
在電腦空間裏，每個人都能做到想是誰就是誰。他們能像換
衣服一樣容易地改變自己的身分。這一概念，已經在彼得·
斯特勒繪製的一本非常流行的卡通畫書中得到繪聲繪色的描
述。在這本書中，描述了兩隻狗與一臺個人電腦的故事。那
隻正在使用電腦的狗對另一隻狗解釋說，「在網路中，沒有
人知道你是一隻狗」。

　　很清楚，現實已經不再像過去那樣容易被界定了。很可
能，未來的幾代人將逐漸接受，所謂現實就是他們想要的那
種現實。透過先進的神經網路，全人類將在某一天有可能分
享我們今天難以理解的一切經歷。在最近的幾十年中，認為
在未來世界中，社會生活和媒介之間彼此實際上是難以區分
的，這種設想在科幻小說家和電影製片人中間非常流行。這
些對未來的想像，對我們今天的人來講，看起來可能是很麻
煩甚至很可怕，但是，同我們的世界對於生活在電子技術運
用於傳播和第三次媒介形態大變化以前的人們相比，它們事
實上看起來並不那麼奇怪和可怕。

　　——[美]羅傑·菲德勒（Rodger Fedler）：《媒介形態變化》

4.1 結繩記事與驪山烽火──古代傳播媒介

從遠古的洪荒到高度發達的現代文明，人類歷史發展走過了一段極其漫長的旅程。傳播學的集大成者施蘭姆對人類文明的進程，曾做過一個十分有趣的描述。他將人類的歷史設定爲一百萬年，假定這一百萬年等於一天，那麼一小時=14666.67年，一分鐘=694.44年，一秒鐘=11.57年。在這「一天」中，人類文明活動的內容如何呢──

> 晚上九時三十三分──原始語言（十萬年前）
> 晚上十一時──正式語言（四萬年前）
> 晚上十一時五十三分──文字（三千五百年前）
> 午夜前四十六秒──古登堡（Johnnes Gutenberg）印刷
> 　　　　　　　　術（一四五〇年）
> 午夜前五秒──電視首次公開展出（一九二六年）
> 午夜前三秒──電腦、電晶體、人造衛星問世（一九四
> 　　　　　　　六年、一九四七年、一九五七年）

也就是說，在這「一天」中的前二十三小時，人類文明只是處於極其微弱的蓄勢狀態，直到最後八分鐘，由於有了文字這一傳播符號，人類的傳播活動得以大大的解放，人類文明的發展變得突飛猛進了。

對於現代人來說，沒有文字，資訊交流會變得十分困難。那麼，在文字產生之前，人類祖先是如何傳播的呢？

在漫長的文明進化過程中，先民們先後創造了多種形式的
傳播方式：實物傳播、圖式傳播、聲光傳播等等。

實物傳播，就是透過具體的物品來傳遞資訊。大量的考古
研究表明，許多原始部落都使用過這種傳播方式。斯里蘭卡的
辛哈列人，把死人的頭髮纏在樹枝上，用樹葉或布包起來作爲
訃告。北美的一支印第安人易洛魁人的酋長往往把紫色、白色
或其他顏色的貝殼排列成各種圖形，串成各種珠帶，一定圖形
的珠帶表示一定的意思，以此來傳達通知和命令。中國北京周
口店發現的山頂洞人使用過加工後的海蚶殼，和青海民和縣陽
山遺址出土的新石器時代的陶製喇叭筒，都是先民們用來交流
和進行傳播活動的工具。相傳古墨西哥的阿茲特克印第安人曾經
使用可可豆來代表金錢，誰的可可豆多就表示誰富有。國王蒙特
祖馬（Montezuma）時代，王宮中的寶庫裏藏有數以萬袋的可
可，既是權力象徵，又表明了他富甲天下。希羅多德
（Herodotus）的《歷史》中記載了一個著名的「實物信」事件。
據說波斯王大流士（Darius I）征伐斯奇提亞人時，後者派專使
送來一份禮物：

　　一隻鳥

　　一隻老鼠

　　一隻青蛙

　　五隻箭

這封「實物信」傳遞了什麼訊息呢？波斯人反覆解讀其含
義。

大流士王認爲這是斯奇提亞人向他投降的表示。其理由
是：老鼠是土裏的東西，他和人吃著同樣的東西；青蛙是水裏

的東西，而鳥和馬則是很相像的，箭則表示斯奇提亞人獻出他們的武力。

　　但他的一個謀臣持相反的意見——

　　「波斯人，除非你們變成鳥並高飛到天上去，或是變成老鼠隱身在泥土當中，或是變成青蛙跳到湖裏去，你們將被這些箭射死，永不會回到家裏去。」

　　後來，事實證明這位謀臣的解讀是正確的。

　　實物傳播中，我們比較熟悉的當數「結繩記事」了。結繩記事是以一種「實物」（物品）來代表另一實物資訊的傳播。在當時應該說是比較「先進」的傳播方式了。中國《易經·繫辭下》就說「上古結繩而治，後世聖人易之以書契」，日本歷史上也有過「繩文時代」。在文字產生以前，世界上許多國家和民族都經歷過這一時代。據考證，印加古國曾經發明一套相當系統的結繩方法。當時，印加帝國的大小城鎮都設有專職的結繩官，他們掌握著複雜的結繩規則和技巧，日復一日地將重要的事情用結繩符號記錄下來，並根據需要向人們發布和解釋有關訊息。

　　除實物傳播外，人類的祖先在幾萬年前便發明了使用圖案、圖畫和符號的方法傳達簡單的訊息。我們把它叫作圖式傳播。大約兩萬兩千年前，在法國南部的拉斯科洞穴壁上，人類繪製了迄今所知的第一批圖畫。其中最引人注目的是三隻原始野牛，一隻奇異的獨角獸以及幾隻野馬、赤鹿、公牛和幾個鹿頭。這是先民們有關狩獵活動的訊息。普列漢諾夫（Georgy V. Plekhanov）在他的《論藝術——沒有地址的信》中，記述了這樣一件事：德國人種學家斯坦恩（M. Aurel Stein）在巴西一條河岸上看到土人畫的一條魚，他就讓隨從的印第安人在河裏撒

網，果然撈出了幾條同河岸上畫的一樣形狀的魚。可見土人畫魚正是爲了向夥伴傳遞這裏有魚的訊息。

　　中國古代《易經》中的「太極圖」是較爲抽象的圖式傳播。它傳播的是陰陽衍生之理，所謂「無極生太極；太極生兩儀；兩儀生四象；四象生八卦」。天地方圓，世間萬物便生生死死，衍生不滅。早期的漢語文字中也有不少象形意義，如「∧∧∧」代表山，「▦」表示雨。底格里斯河和幼發拉底河之間的美索不達米亞平原南部的蘇美人，也曾經用簡化的線條模擬所指的物體。例如用牛頭的線條表示牛（圖一）；在三角形內加一線表示女性陰部，意指女人（圖二）。這些以線條構成的符號可視爲最早的象形文字，每一個符號都指稱一個特定的物體。把若干個象形文字組合起來，可以表示一個新的意思。表意文字就是這樣產生的。例如，在表示女人的符號旁邊，添加一個代表山的記號，表示在山那邊俘獲的女人，意指女奴（圖三）。

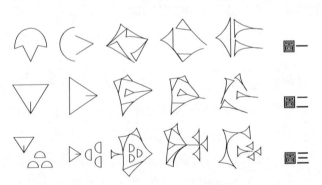

圖一

圖二

圖三

　　這種圖形簡明醒目，作爲傳播符號保留至今，在許多公共場所都可見到。如一男性圖示代表「男洗手間」，一女性圖示代表「女洗手間」。還有交通指標圖等都直觀地告訴人們驅車和行走的規則。

借助聲光信號來傳遞訊息，也是古人常用的傳播方式。這種方式與其說是先民的發明，不如說是大自然的啓示。如原始森林中冒煙，先民們憑經驗可推知是火災；如天空響過霹靂，先民們會意識到將有大雨降臨。自然中發出的聲光信號讓人類獲得了訊息，同樣的，人類也可創造性地運用聲光信號來傳播訊息。例如點燃烽火、揮動旗幡、敲擊響器、吹奏號角等等。遠古時候，印第安人在遠距離傳遞諸如野獸出現，敵人到來，使用怎麼樣的工具到什麼地方集合等訊息上，就普遍借助煙火，一般是白天用煙，黑夜用火。點燃篝火的堆數，濃煙的密度以及煙團上升的情況都表達不同的含義。例如，把動物的毛皮做成的毯子拋到篝火上，然後很快地把它扯開，這樣重複的次數，對方守望的人就能夠準確無誤地斷定發生了什麼情況及對方所表達的意思。在遠征的歸途中，還未抵達村莊前，印第安人常用這種方法來報告自己隊伍受傷的人數。聲光傳播可以遠距離交流，還可以透過排列組合的變化，表達複雜的訊息。這一傳播方式直到今天，在非洲和大洋洲的原始部落中，還在沿用。就說擊鼓吧。曾經在喀麥隆做過傳教士的伯茲（Putz）對此有過生動的記述：「那些大鼓語，關於一切事情，就是距離數公里的人們也能聽見。能述說歷史，能報知新聞，能布告法律，並且能做關於某種的質問、呼喊、謾罵、誹謗。」在爭吵的時候，「爭鬥的一方（多半是在深夜），乘著獨木舟划行到河正當中（爲能傳聞到遠方起見），擊大鼓來罵對手；對手用大鼓回罵，一天中都不休息。」美國作家阿力克斯·哈利（Alex Haley）在其著作《根》中，也有過類似的描述：

　　今晚的報信人早已在那裏蹲在一堆篝火旁邊，使勁敲

著他的傳信鼓，使得那繃緊的山羊皮鼓面幾乎要被他敲破。昆塔揉著被煙火燻得刺痛的雙眼，想起了過去周圍各村夜半傳來的傳信鼓聲，曾響得他無法入睡。他被吵醒後，就會躺在那裏認真聽著：那鼓聲及其節奏非常像語言。因而他聽到後來終於聽懂了其中某些意思，或者是敘說一場饑荒或瘟疫，或者是說某個村子遭到了火災或襲擊，村民被殺害或者擄走……昆塔看著報信人開始用他那曲柄鼓槌的多節彎頭，非常急促、非常猛烈地打在鼓面的不同位置上。那一向是緊急訊息，要求最近的巫師到朱富村來驅走邪魔。

漢語裏用「烽煙四起」來比喻戰事紛亂。古時候一遇敵人來犯，就經常點燃烽火或狼煙來報警，讓遠方的邊關守將、駐軍居民或是王城國都的人們都做好準備。中國歷史上著名的「烽火戲諸侯」故事，說的是西周末周幽王爲博其寵愛的妃子褒姒一笑，點燃了原本只做通報敵情訊息的驪山烽火，狼煙一起，各路諸侯紛紛趕至，虛驚了一場。

無論是實物、圖示，還是聲光，其傳播都要受到時空的限制，難以「無遠弗屆」。這顯然是受到古代樸素的生產方式的制約。但這些傳播方式也有其特殊用途。比方說，我們還沿襲實物傳播的方式，在情人節裏送玫瑰。所以，即使在傳媒高度現代化的今天，這些原始形態的傳播方式依然存在並不斷發展著，極大地豐富了人類的傳播手段。

4.2 要在紙上談「兵」──紙質媒介

　　文字的出現，是人類傳播史上第二個重要里程碑。勒內埃蒂姆柏說：「人類生生死死，代代相繼，已逾百萬年，但我們學會書寫的歷史僅有六千年。」人類的傳播史就是這樣，直立行走和語言的產生使人徹底擺脫蠻荒的動物時代，隨著活動範圍的擴大和生產方式的增進，簡單的文字符號又應運而生。因為生產生活的需要，人們的表情達意更加豐富多彩，氏族、部落和王國之間，貿易往來、婚姻關係、戰事紛擾，這一切都需要訊息的傳達。有了文字這一傳播符號，人類文明發展也才能如虎添翼，迅猛向前。我國古代有「倉頡造字」之說，據史書記載，倉頡造字之後，世界一片恐慌，「天為雨粟，鬼為夜哭，龍乃潛藏」。文字的力量真可謂驚天地、動鬼神。

　　最早的文字產生於奴隸社會初期。四大文明發源地中國、埃及、印度、兩河流域（幼發拉底河與底格里斯河之間的美索不達米亞平原）都先後出現了早期的象形文字。文字在草創之初，一般是用作農牧業的記帳工具，樸素而簡陋。其後，美索不達米亞的先民用文字來輔助記憶。這樣，文字慢慢成為記錄口頭語言的符號體系了。有了文字，還得要有書寫的材料。也就是說，古人都把字「寫」在什麼東西上？中國最早採用龜甲、獸骨、金器、刻石來傳言記事，稱為甲骨文和金文。甲骨文大都刻在龜甲或牛羊的肩胛骨上，而金文則是古代青銅器上的銘文。後來發展到用竹簡、玉帛做書寫材料。比起甲骨、銅器來，竹簡是最為方便且廉價的材料了。但它還是很有「分量」

的，很占體積，不利於傳播。就說讀者手頭的這本《傳播學是什麼》，如果用竹簡來記錄該要多少竹子。人們形容著述篇幅之大，愛用「汗牛充棟」，其實，「汗牛充棟」也未必有多少內容。據說東方朔有一次上書漢武帝，短短一篇「文章」，就要叫好幾個人把那些竹片挑進宮裏去。

用玉帛做書寫材料，比用竹簡要輕多了，攜帶起來方便，十分有利於傳播。但玉帛的造價很高。想一想，我們手頭的這本書，如果用玉帛做材料，價格一定不菲，一般人買不起，自然也就影響流傳。所以，用竹簡和玉帛這類材料記載文字，筆墨就不得不十分經濟。我們今天讀到的古文，就不是當時口頭語言的簡單記錄。也就是說，它比口頭語言簡練得多，才能盡量節省記錄材料。我們現在用「簡練」這個字來形容語言的節省，其實，「簡」就是指的古時的竹簡，而「練」，就是指的潔白的熟絹。用「簡」與「練」做傳播材料，自然是筆墨不要太多，語言要盡可能的壓縮啦！這就是「簡練」一詞的來歷。

直到西元一〇五年，我國東漢的蔡倫透過改進，用樹皮、麻頭破布、舊漁網等原料，造紙成功，使書寫的歷史為之一變。紙的使用，使得書寫材料變得輕便又廉價，不僅大大提高了傳播速度，也讓書寫行為在民間廣泛流傳開來。《晉書·文苑傳》記載了一個「洛陽紙貴」的故事，說是西晉文學家左思寫了〈三都賦〉，因為其筆力矯健，寫成以後，搶著抄寫的人極多，以致洛陽的紙都漲價了。此時距蔡倫造紙已有百多年了，洛陽紙貴恰恰說明當時紙的便宜，大家都可購買，可以廣泛地用作學習，只是因購買者多，一時缺貨罷了。

印刷術的發明，又使人類的傳播活動向前跨進了一大步，可以說是人類傳播史上的第三座里程碑。從此人類由手寫筆抄

傳播時代進入到印刷新聞傳播時代。印刷術是中國古代的四大發明之一，首先發明的是雕版印刷，到北宋慶曆年間，一〇四五年，畢昇首創膠泥活字排版印刷，薄如錢唇，每字為一印，火燒之使堅固，先設一鐵板，其上覆以松紙蠟和紙灰之類，然後以字印加熱後燙成陰文，再把鐵板在紙上複印即成。元代後期又出現了木活字。活字可以重複使用，是一種革命性的轉變。中世紀後期，東方的印刷技術漸漸傳到中亞和歐洲。到一四五〇年前後，德國美因茨的工匠古登堡改進了金屬活字印刷術，用銅模鑄出的鉛、錫、銻合金為材料的活字，並形成了由揀字、組版、填空、齊行和印刷還字等步驟組成的活版印刷工藝。他還製成了木質的靠螺旋在印板上加壓力的印刷機，代替了純粹的手工操作，進一步提高了印刷的品質和效率。但一開始用來印刷的一般是宗教書籍和政治小冊子，像我國唐代雕版印刷的《金剛經》，古登堡印製的《聖經》，法國啓蒙運動的領袖人物狄德羅（Denis Diderot）和達蘭貝爾（J. Le R. d'Alembert）後來主編的《百科全書》，版面設計清晰。正如有的學者所說：「印刷術的普及，成功地改變了世界。可以批量複製的文字取代口語成為新的傳播媒介，這就是所謂印刷媒介。它是人類歷史上第一次實現了傳播媒介的脫離主體而存在，實現了訊息的腦外儲存，形成了所知與能知的分裂，導致了從直接交流向間接交流的轉變。世界的存在不再終止於口語，而是終止於書本。蕭伯納說亞歷山大圖書館是人類記憶的中心，穆斯林把以色列人稱之為書之人，海涅說猶太人的祖國是一本書（《聖經》），都是如此。從而，印刷媒介文字作為載體，以間接的面對媒介的交流為特徵，主體的在場面對面的交流轉向了主體不在場的透過媒介的交流，發送者與接受者被間隔開來。」[1]

　　印刷術的發展推動了報刊的興起和發展，在此之前，手抄小報和新聞書作爲報刊的雛形，曾存在過相當長一段時間，我國唐代後期出現的邸報，大都是關於皇宮禁城的事情，特別是皇帝的起居、官僚的任免升遷以及官僚的奏章等，主要閱報群體是政府官員和士大夫階層，一般老百姓是難有機會看到的。歐洲十六世紀興起手抄小報和新聞書。手抄小報起源於地中海北部的威尼斯。因爲它是一個商業共和國，又是東西方交通樞紐和貿易中心，所以商品行情、船期和交通訊息、政局變化，以及戰爭和災禍情況，對於商人來說是極其關鍵的。「手抄新聞」也就應運而生，並有專門採集訊息的機構和販賣小報的人。又因當時的銅幣叫作「格塞塔」（Gazzetta），流傳到羅馬及歐洲各國以後，就被稱爲「威尼斯小報」（Venice Gazette），Gazette也就成爲歐洲各國早期報紙的名稱。同時在西歐還陸續出現了一些不定期的新聞印刷品，主要內容是重大事件。這種印刷爲書本形式，被稱爲新聞書（Newsbook），還有單頁的新聞傳單（Newssheet）。通常在書店、集市和街頭出售。這樣，新聞傳播範圍和規模進一步擴大，並從特定的對象轉而面向整個社會，專門採集和公開發布新聞的機構也隨之出現，一支專門從事這一行業的隊伍逐漸形成，爲近代新聞事業的形成奠定了基礎。

　　進入十七世紀，隨著社會政治經濟變動的加劇，社會信息量以及對資訊需求的增長，物質技術條件的逐步改善，原來的手抄小報逐步改爲印刷出版，不定期的新聞書逐步定期化。定期化的實現，先是一年、半年，由於刊期過長，只能稱爲定期出版物，以後隨著郵件穩定在每周一次，便有了新聞性較強的周刊或周報，這便是定期報刊。定期報刊的出現標誌著近代報

業，也就是近代新聞事業的產生。

這種定期報刊產生於十七世紀初的德國和尼德蘭（荷蘭）。一六○九年德國境內出現了兩種周報：一是《通告──報導或新聞報》，在奧格斯堡出版發行，每周一張，只有一條新聞；二是《報導》，在斯特拉斯堡出版，當年九月四日曾刊登過著名的科學家伽利略製作一臺新的望遠鏡的消息。十八世紀中葉以後，隨著英國等西方國家先後進行了資產階級革命，並開始了以機器大工業代替手工工場的工業革命，生產力水平大爲提高，科學文化技術的發展更是日新月異。發端自十六世紀的近代報刊，經過兩個世紀的革新，其功能更趨於多樣化，成爲資本主義社會政治經濟生活中不可或缺的資訊傳媒和輿論工具。歐美等資本主義國家進而大肆向海外擴張，爭奪殖民地，搶占海外市場和原料產地，因此最新的資訊成爲必不可少的要素。而近代中國直到鴉片戰爭前，都一直處於保守落後、閉關鎖國的封建社會，最早的近代中文報刊也是首先由外國傳教士創辦興起的，但不是在國內，而是在英國的殖民地馬六甲，那就是《察世俗每月統記傳》，由英國基督傳教士米憐（William Milne）和中國刻字工人梁發於一八一五年八月五日創刊。

近代報業在資本主義國家歷經政黨報紙時期和廉價報紙時期，內容日益豐富，版面越來越多，而且印製也日益精美，時效性更加增強了。進入一九三○年代，隨著照相排版技術和自動鑄排機的發明，現代報業發生了翻天覆地的變化。如今，雷射排版技術和掃描技術及電腦編排系統的出現，無論是報紙，還是雜誌，無論從內容到形式，都爲之一變。一位歷史學家這樣寫道：「如果古登堡在五百年後的今天依然活著，看到報刊雜誌急劇增加，而書籍在所有出版物中的比例卻急劇下降，他

將會驚訝得目瞪口呆。」時序進入二十一世紀，印刷媒介更是高度普及，人們每天要瞭解外面的資訊和動態，要增長各方面的知識，還要消遣娛樂，書籍、報紙、雜誌等出版物成為滿足人們這些需求的基本管道。

據《史記·廉頗藺相如列傳》記載，春秋戰國時期趙國名將趙奢之子趙括，年輕時學習兵法，善於談兵，但作戰時泥於兵書所述，不善靈活運用，結果吃了敗仗。這就是成語「紙上談兵」的來歷。趙括那時的兵書，肯定不是用紙寫成的。說他「簡上談兵」更準確些。在今天，人類獲取知識，很大程度上是透過紙質媒介來實現的，大家都在紙上談兵——當然，不是趙括式的紙上談兵。我們借用這一成語只是想說，紙質印刷品在今天已成了人們傳遞和獲取資訊的重要媒介；少了它，還真無法「談兵」。

4.3 永不消逝的電波——電子媒介

印刷傳播可以把豐富的文字資訊材料進行大批量的生產和複製，然而要遠距離地快速傳播卻不太容易。隨著社會政治經濟生活的飛速發展，對傳播方式的要求也越來越高，因此，研究新的傳播手段以提高傳輸的速度和品質就提上日程來了。因為書籍、報刊、信件的運輸並不比人流和物流的速度更快，要使遠隔萬里、關山阻絕不再成為人類溝通和資訊傳播的嚴重障礙，只有電子通信工具才能辦到。

電子傳播的媒介可以分為有線和無線兩種系統。有線系統起源於摩斯（Samuel F. B. Morse）發明的有線電報和貝爾

（Alexander G. Bell）等人在一八七〇年代研製的電話系統，後來發展到有線廣播、有線電視和今天的電腦通信網路。

　　無線系統的出現以義大利人馬可尼（Gaglielmo Marconi）的無線電通信實驗獲得成功爲標誌，其後發展爲無線電報、無線廣播、無線電視以及無線電話。第一臺實用電報機是美國的摩斯於一八三七年發明的。七年後，美國第一條電報線路開通時，摩斯從華盛頓向巴爾的摩發出了世界上第一封電報，其電報內容是《聖經》中的一句話：「上帝，你究竟創造了什麼！」「摩斯電碼」的巨大力量、閃電般的速度（每秒鐘繞地球七圈半）、超越時空的瀟灑，就連上帝（如果有的話）也會爲之一歎。因故電報廣泛地被用作船舶之間以及船舶與海岸電臺之間的通信，然後是橫越大洋與陸地之間的通信，最後發展到廣播。

　　一八六四年，英國理論物理學家馬克斯威爾（Maxwell）首先發現了電磁學基本原理，並認爲放射性電波可以進行無線傳送。據此，德國科學家赫茲（Heinrich Hertz）於一八八四年，從實驗中終於發現了產生、發射與接收天線電波以及測量電磁波波長的方法。所以，我們現在還把無線電波叫作赫茲波。一八九五年，義大利人馬可尼和俄國科學家波波夫（Alexander Stepanovich Popov）在不同地點，分別進行了用無線電傳送信號的實驗，並獲得了成功。他倆一道被尊爲「收音機之父」。次年，馬可尼在英國取得專利，隨後又組建了從事無線電報器材生產的公司。一八九九年三月二十八日，馬可尼成功地將一份電報從英國拍發到法國。一九〇一年又完成了橫越大西洋的無線電報的發收，因爲橫跨大西洋的海底電纜早在一八五八年就已鋪設成功。從此以後，無線電報事業就蓬勃地發展起來了。

　　首先是電話通信。早在一八七七年，即世界上第一部電話問世一年以後，美國一位漫畫家憑著他的想像天才，作了一幅題爲〈電話的恐怖〉的漫畫。畫面正中是一位身著晚禮服的紳士正對著一部電話機的話筒發表演說，而電話機的另一頭伸出許多條線路來。這些線分別連接了中國、日本、倫敦、巴黎、印第安那州等地，這些地方的人正聚集一堂，聆聽電話另一頭的演講。這可以說是最早關於現代廣播的想像了。據說我國的末代皇帝溥儀在最初接觸到電話的時候，也是興奮不已，全然不顧「朕」的尊嚴，翻著電話簿，試著給大學者胡適家裏打電話，還眞是把胡適嚇了一大跳。

　　一般來說，電報與電話只有對特定的對象產生意義，隨著對這一領域的普及和推廣，人們不斷追求著普遍意義的傳播作用，例如播放音樂、故事、戲劇、報導新聞等等。於是，有人開始了廣播傳送的試驗。出於當時設備的簡陋，聲音效果差，而且還要經常受到靜電的干擾，可謂困難重重。直到一九○六年弗羅斯特（Frost）發明了三極眞空管，才在技術上產生突破性的進展，從而開創了電子科學的新的應用領域。這一年的聖誕之夜，美國匹茲堡大學的電機工程教授費森登（Reginald Aubrey Fessenden）的試驗電臺首次進行實驗性的廣播。他把人的說話聲、歌唱和音樂傳播出去。當時在海船上的無線電工作人員透過無線電波收聽到這些聲音後大吃一驚，他們稱之爲「天籟」。

　　專業性的電臺廣播的誕生，始於一九二○年十一月二日美國匹茲堡西屋電氣公司的KDKA電臺的開播。該臺開播的當天就報導了哈定（Warren G. Harding）擊敗考克斯（James M. Cex）當選總統的消息。這是第一個由政府領取營業執照的電臺，一

般認爲它的開播標誌著世界廣播事業的誕生。隨著無線電技術的發展，遠距離的廣播（短波廣播）的出現，爲國際廣播的開創提供了可靠的基礎。因此，在第二次世界大戰期間，所有參戰的國家都把無線電傳播作爲進行心理戰宣傳的有力武器，對國際廣播的認識也逐漸成熟。德國稱其爲海、陸、空之外的第四戰場，並且是當時激烈的廣播戰的始作俑者。一九三九年九月一日上午，法西斯德國的無線電廣播散布了關於波蘭人入侵的謊言，然後又播出了德國政府關於謀求和平解決波德衝突的聲明。這些廣播節目用欺騙的手段，把侵略的責任推到波蘭身上。德國法西斯的對外廣播一開始，就播出了誇耀法西斯衝鋒隊員和「希特勒青年團」的歌曲，其中有一首歌曲名爲〈今天聽到我們的聲音的是德意志，明天將是全世界〉，它的副歌後來成了法西斯對外廣播的開始曲。這首歌的題目正好用來解釋德國法西斯對外廣播的目的。面對德國、義大利、日本空中電波戰的進攻，反法西斯同盟國也不甘示弱，進行了針鋒相對的反擊。隨後，英國廣播公司（BBC）和「美國之音」（VOA）國際廣播相繼開播。可以說，關於第二次世界大戰的報導讓廣播新聞出盡了鋒頭。一九四〇年當德國飛機對倫敦進行空襲的時候，美國全國廣播公司新聞記者愛德華・默羅（Edward Murrou）以現場目擊者的身分，向全世界播出了他的著名新聞專題〈這是倫敦〉。這一檔節目由於題材重大，敘述生動具體，特別是反應快捷，立即引起了各國聽眾的關注，並爲廣播和愛德華・默羅本人贏得了極高的聲譽。以〈這是倫敦〉爲代表，二戰的廣播新聞報導中出現了大量關於戰場和後方的現場採訪、錄音新聞，以及幾乎與新聞事件同步的新聞述評。歷史學家麥克雷什（McLeish）對默羅稱讚說：「你創造了一個世界的偉大奇蹟，

你讓倫敦在我們的家中燃燒，讓我們感覺到了熾烈的火焰。」其後有兩次重大事件推動了廣播事業的迅速發展，從而使人類交流的歷史進入太空時代。一是一九五七年十月四日前蘇聯發射第一顆人造衛星；二是一九六〇年八月，美國把人造衛星「回聲一號」送入太空，並且成功地從地面接收到經「回聲一號」反射回來的無線電訊號，這是人類歷史上首次利用人造衛星從事太空通信。以後經過不斷改進，新的廣播形式衛星廣播開始出現，它可以直接面向受眾，不需要地面的廣播發射網加以轉播，所以衛星廣播又被稱為「直接廣播」。透過收音機把電波送到千家萬戶。人們圍著那個神奇的說唱「匣子」，興奮不已。我國民間也曾流傳過這樣一個笑話。說的是收音機剛出現的時候，人們驚詫不已。有個老太太圍著那個大木匣子（當時的收音機體積大，一般用木框）左轉轉，右看看，就是不明白，說一個大活人怎麼跑到那裏面說話去了，又不見門，不悶得慌嗎？新技術革命就是這樣，它帶給人們耳目一新的奇異感受。

因為廣播效果聲情並茂，不僅在節目選擇和安排上極具靈活性；同時它又可以用音響和話語播出新聞來感染聽眾，特別是在「現場報導」上快捷即時，富有現場感。廣播的節目豐富多彩，從音樂、體育、生活、教育、情感到聽眾直接參與的訪談和熱線節目，在與電視和紙媒介的競爭中，充分發揮了優越性，因而長盛不衰。拿美國的一項調查來說，一九六三年的約翰·甘迺迪被刺事件中，有56.6％的人是從廣播中獲悉這一消息的，而從電視中獲此消息的人只占20.2％。即使是網路非常發達的今天，我們只要出去走走，就可以發現，無論是早晨人們散步、鍛鍊，還是晚上人們乘涼聊天，經常都有人帶著袖珍

式的收音機，聽聽輕音樂，瞭解世界各地最新動態，學點日常
生活知識，練練外語，透過話筒直接跟主持人談心，如此等
等。從這個意義上說，廣播所具有的魅力又是其他媒介難以企
及的。我們來看一個實例：

男人：廣播？為什麼我要在廣播上做廣告？什麼也看不見
　　　……沒有圖像。

青年：聽著，你可以在廣播裏做電視無法做的事情。

男人：那你現在就做做看。

青年：啊哈，好啊。看著。（啊哈）好的，大夥兒，現在
　　　我就給你們提示：我要把一座七百英尺高的奶酪山
　　　倒進密西根湖，湖水已被抽乾，盛滿熱巧克力。然
　　　後，加拿大皇家空軍將滿載的十噸酒味糖水黑櫻桃
　　　倒進這奶酪山，歡呼後再加兩萬五千個。好的……
　　　注意大山……

音響：奶酪山傾倒時發出的巨大嘎嘎「聲」！

青年：注意空軍！

音響：飛機轟鳴聲。

青年：注意黑櫻桃酒味糖水櫻桃……

音響：炮彈的嘯叫聲和櫻桃打中奶酪的聲音。

青年：好的，再加兩萬五千個櫻桃……

音響：人群的喧嘩。聲音越來越響，然後戛然而止！
　　　現在……你想在電視上試一試嗎？

男人：這……

青年：你瞧……廣播是一種多麼特殊的媒體，因為它可以
　　　激發你的想像力。

　　正因爲廣播可以「刺激想像力」，雖然不能直擊畫面，人們照樣「耳熟能詳」，在腦海裏剪接畫面，自由馳騁思想，獲得不少樂趣。

　　當然，廣播也有它自身的弱點。與紙媒介比較起來，它難以保存，難以深刻；與電視比較起來，它沒有圖像，沒有電視那樣強勁的視覺衝擊力。

　　一八八四年，德國工程師尼普科夫（Paul Nipkow）發明了機械掃描光碟，透過光電轉換，人們可以在接收器上看到導線傳送過來的圖像。這一發現具有劃時代的意義。一九二三年，美籍俄裔工程師左瑞金又發明了光電管，用電子束的自動掃描組合畫面，爲電視攝影機的設計做出了貢獻。實驗性的電視播送是在一九二六年，英國人貝爾德（John Logie Baird）採用電視掃描盤，完成了電視畫面的完整組合及播送，在倫敦公開表演，引起了轟動。一九三一年，貝爾德首次在英國的埃普森成功地直播了賽馬實況。英國《每日先驅報》記者對這一事件發表評論說：「那螢幕上顯示出來的圖像令我們驚訝不已。我們終於跨上了電子時代的臺階。我們將用電子眼睛來捕捉正在發生的大事件，並且讓這一切展示在人們的面前。」一九三六年英國廣播公司建立電視發射臺，十一月二日起定時播出電視節目。一般認爲這是世界電視事業的正式開端。十八年後，美國全國廣播公司又率先推出了彩色電視節目，使黑白電視時代躍進到色彩斑斕的豐富世界。一九六二年七月，美國發射了「電信一號」通訊衛星，開始了美國與西歐之間的轉播電視節目，電視傳輸從此最大限度地克服了空間障礙，真正進入到一個自由王國。一九六九年，人類首次對「阿波羅二號」登月實驗進行了實況轉播，人類的視線真比得上「千里眼」，可以抵達浩瀚

的外太空。以後,電視的發展一直方興未艾,衛星電視、電纜電視相繼湧現,而目前,高純度的液晶電視、數位電視又在電視王國裏爭奇鬥豔。隨著資訊高速公路和多媒體技術的推廣,電視傳播的魅力正大放異彩。

電視藝術視聽兼備,動靜結合,它刺激著人們的感官,衝擊著人們的生活。有電視相伴,人們如癡如醉,沈浸於「電視魔盒」的旋轉視窗之中,跟節目一起跳舞,隨劇中人嬉笑怒罵。不管是文體教育,還是娛樂性節目,它淺俗易懂,大眾也是「一場遊戲一場夢」,缺了它,人們普遍耳目失靈,神經麻木,舉足無措。可以說,電視發射網覆蓋了地球每一個角落,全世界有六成以上的家庭擁有電視機,許多人每天在電視機前消磨掉一小時至數小時的寶貴光陰,數千個電視機構晝夜不停地把難以數計的節目信號透過發射塔、通訊衛星和傳輸電纜傳送到千家萬戶。現在幾乎所有的人都會承認電視已經成為每個家庭中不可或缺的成員。有人甚至說,一個家庭如果沒有孩子,已經不足為奇,如果沒有電視,那才令人想不通。德國電影理論家愛因漢姆(Arnheim)在〈一九三五年預測電視的前途〉一文中說:「無線電透過電視而成為一種實況記錄的工具。無線電只有當它為眼睛服務的時候,才能使我們立刻看到我們周圍的廣大世界正在發生什麼事情(這不是它唯一的任務,也許也不是它最重要的任務)。我們看到鄰近城市的公民聚集在市集廣場上,外國的首相在發表演講,大洋彼岸拳擊運動員在爭奪世界冠軍,英國的樂隊在表演,一位義大利的花腔歌手,出事的火車的殘骸仍在冒煙,狂歡節街頭上戴著假面具的人群,從飛機上穿過雲層看到阿爾卑斯山上的雪峰,穿過潛水艇窗子看到的熱帶魚,汽車工廠的機器,探險者的船在同北極的冰層搏

鬥。我們看到維蘇威山上的燦爛陽光，而一秒鐘之後又看到在同一時候照耀著百老匯的霓虹燈。不必再麻煩語言來詳加描述，外國語文的壁壘也變得無足輕重。廣大的世界親自走進了我們的房間」。

電視與人們的生活息息相關，這是毋庸置疑的。小到日常的細枝末節，大到國際風雲，人們都可透過這一聲情並茂的魔匣瞭解之，它成為大眾注目世界變化的一個得力「窗口」。數以億計的觀眾癡迷於電視機前，而不知疲倦，產生這一「電視奇蹟」的原因究竟在哪呢？電視集圖像、文字、聲音三大符號系統於一體，特別是視覺符號的資訊量大、感染力強。據腦生理學家和電子電腦資訊工程學家的測驗結果表明，相同時間人們所獲的資訊量，視覺資訊是聽覺資訊的九百倍以上；而且視覺資訊對於人腦的刺激作用往往要比聽覺資訊強烈得多，人們常說「百聞不如一見」，也正是指出這種直觀效果的特徵。記得當年巴西電視連續劇《女奴》在西班牙上演時，西班牙首相因「迷戀」「伊佐拉」的美貌和動人表演，就不惜變動內閣會議計畫時間，以免與電視節目的播出時間相衝突。正如喝酒與抽煙使人上癮一樣，看電視一樣可以使人不自覺地變成「電視迷」，染上電視癮。有人曾從一個「野蠻人」的角度來反觀我們所謂的「現代文明」世界，看看他第一次看到電視和圍坐在電視旁的現代人時是怎樣描繪的——

在那個自稱「文明」的部落裏，盛行著一個奇怪的巫術。每天晚上，家家戶戶的人們都會聚集在自己的家裏舉行通神儀式，但沒有巫師，他們透過一種叫作「電視」的魔匣直接獲得神示。他們揮動手裏的一小截魔棒，或是撲

上去敲打那魔匣，於是魔匣就顯靈，現出色彩斑斕的影像，發出各式各樣的聲響，向他們重現過去，預示未來，或是映著他們周圍的人們正在過著的生活。人們就瞪大眼睛，在那魔匣前一直待到深夜，有時哭，有時笑，有時爭吵不休，進入一種著魔狀態。那裏的人們深受魔匣中神示的影響，像「電視」裏的影像那樣穿著，模仿著「電視」說話、行事。在平時，他們最喜歡的話題之一，也是討論魔匣中神示的內容。

也許應該說他們是一個敬神的部落，因為他們對通神巫術既投入又勤勉，不論男女老幼，幾乎每天都要實行，許多人不但晚上舉行巫術，白天也不離開那魔匣。但在通神時，他們那種隨隨便便的態度也實在令人吃驚，或躺或坐，邊吃邊喝，大呼小叫，完全沒有一點規矩，簡直是對神靈的褻瀆！從這一點可以看出，「文明」部落是一個墮落的部落[2]。

無論如何，電波訊號「無遠弗屆」的威力，使廣播電視大大地拓廣了人們的視野，使那些「遠在天邊」的人和事變得「近在眼前」。這「永不消逝的電波」，覆蓋了地球上所有有人煙之處，很難設想，如果沒有它，現代人的生存狀況會怎樣。美國電視評論家和電視史學家傑弗·格林費爾德（Jeff Gree field）曾這樣說：「它（電視）是我們的市場、我們的政治論壇、我們的遊樂園、我們的學校，它是我們的劇場、我們的休養院，是我們與現實聯繫的紐帶，又是我們逃避現實的庇護所。它時時反射出我們的夢想，同時又把這些夢打得粉碎。唯有電視才能維繫著這個國家的全體民眾，不分老少，不計貧富，不論文

盲還是學者，都處於電視的深刻影響之下。」

4.4 熱媒介與冷媒介——麥克魯漢對媒介的研究

到此爲止，我們已經討論過了古老的人際傳播方式，如實物傳播、圖式傳播、聲光傳播等，也討論過了現代的大眾傳播媒介，如報刊、廣播、電視等。如果讓你對它們做一分類，你會怎樣劃分？

加拿大著名的傳播學家麥克魯漢，將所有的傳播媒介分爲熱媒介（hot medium）和冷媒介（cold medium）兩種。這種新奇的劃分法，令人既覺得耳目一新，又頗有些難以理解。

爲了較好地理解這種新奇的劃分法，我們得從麥克魯漢關於媒介的主要理論入手。

一九六〇年代，大眾傳播正走向全面繁榮，新的視聽媒介如電視異軍突起迅速發展。在這一背景下，麥克魯漢出版了他的名作《理解媒介：論人的延伸》。這部非同凡響的書出版後，引起了巨大的轟動，麥克魯漢也聲名鵲起，在北美及歐洲風靡一時，不僅學術界、思想界爲之一震，就連民間也颳起了麥克魯漢旋風。美國《新聞周刊》一九六七年三月的一篇文章稱：「他的傳播理論不啻對過去、現在和將來的一切人類文化提出一種解釋。」《紐約先驅論壇報》甚至把他列爲牛頓、達爾文、弗洛伊德和愛因斯坦之後「最重要的思想家」。《生活》雜誌稱該書爲「電子時代的先知」。

麥克魯漢究竟說了什麼，讓人們如此交口稱讚？

他說：媒介是人體的延伸。這是對媒介功能的強調。在我們看來，媒介的主要功能就是傳播資訊，可麥克魯漢不這樣認為，他認為媒介的主要功能是延伸了人類的感官。原來，麥克魯漢所說的「媒介」內容豐富龐雜，除了我們所提到的書籍、報刊、廣播、電視外，服飾、房屋、車輛等都是。按他的觀點，服裝是皮膚的延伸，車輪是腿的延伸，書是眼的延伸，廣播是耳的延伸，電子技術是中樞神經系統的延伸，等等。麥克魯漢這一觀點相對來說比較容易被人接受。想一想實際情況也的確如此。比方說，電話或廣播讓你能即時聽到遠隔重洋的聲音，你不就成了神話中的「順風耳」了嗎？電視、圖文資料，不僅能讓你看到地球上的影像，甚至連月球上坑坑窪窪的地表也清晰可見，你比神話中的「千里眼」更勝一籌。是什麼延伸了你的感官？答案當然只有二字：媒介。

麥克魯漢又說：媒介即訊息。這一命題涉及到了媒介的本質。一般認為，媒介是資訊的載體，是訊息存在的形式，而訊息是資訊的內容。照麥克魯漢的說法，豈不是說形式即內容嗎？真是奇談怪論，令人匪夷所思。但不少學者認為，這一表面上看似明顯不合情理的論斷，實際上是深含哲理的高妙之見。旅美學者居延安在《斷裂與繼承》一書中說：「這是一個把問題引向極端、似乎有點譁眾取寵的命題。媒介是用以傳播訊息的，怎麼自己成了訊息呢？這樣的質疑完全可以站得住腳，但麥克魯漢這個極端的命題，比任何人都更鮮明地指出了標準化的電子傳播媒介對活生生的、變化著的創造力的統治。」

英國學者尼克·史蒂文森從電燈入手來理解這一命題，他說：每天早上我在辦公室裏打開的電燈，它不負載任何訊息，但轉換了時空關係。譬如說，電燈能使我在晚上工作得很晚，

或早上工作得很早。這影響了我構建自己公眾生活和私人生活的方式。當然，電燈具有更加廣闊的用途，在各購物中心、娛樂場所和工作場所等，電燈每天二十四小時照明。

　　還是根據媒介即人體的延伸這一理論延伸開去，可以說，每一種媒介都給我們的生活開闢了一個新世界。這也可以從麥克魯漢舉的例子說明之：「由於飛機加快了運輸的速度，它又使鐵路塑造的城市、政治和社團的形態趨於瓦解，這個功能與飛機所載的東西是毫無關係的。」麥克魯漢認爲，眞正影響人類行爲、支配歷史進程、制約社會變遷的，不是透過媒介所傳播的訊息，而是媒介本身。如對印刷文字這一媒介的作用，麥克魯漢說，印刷文字可以讓人們私下裏透過讀與寫來完成與他人的交流，因而使人們「擺脫部落習慣」，把他們從組織嚴密的口傳文化中解放出來，讓他們即使是獨處一隅，也能遠距離傳播，並因此以城市取代鄉村，用民族國家取代古代城邦。至於電子傳媒出現的意義，麥克魯漢用「地球村」一詞將其表述得淋漓盡致。

　　按麥克魯漢的見解，我們擁有了某種媒介，這一媒介就延伸了我們的感知力，我們就由此而能捕捉到新的領域中的訊息，建立對外在世界一個更新的認識。當人們有了飛船，普通人的宇宙觀就發生了變化。麥克魯漢舉例說，蘇俄第一顆人造地球衛星送入地球軌道時，一位小學教師叫她的二年級學童就此寫兒歌。一位兒童是這樣驚奇地表述自己的感受的：

> 星星這麼大，
> 地球怎麼小，
> 待在地球上，

別跟它飛走。

這一兒歌典型地抒發了新媒介（地球衛星）給新一代（兒童）帶來的新觀念。麥克魯漢說，正如詩人葉慈（William B. Yeats）所形容的，本世紀發生了這樣的逆轉：

看得見的世界不再是真實
看不見的世界不再是夢想

這就是新媒介給人們的認識帶來的革命性變化。「媒介即訊息」在表述上雖有些誇張變異，有些驚世駭俗，但正是因爲這種驚世之言，才能讓人們擺脫對媒介所傳達的具體資訊的陶醉，從整體上，從一個高度去認識媒介所帶來的革命性的意義。

從上面對麥克魯漢兩個命題討論中，可以大致感受到他的言說風格。中國研究麥克魯漢的學者何道寬說，理解《理解媒介：論人的延伸》這本奇書是頗難的。難在何處？「不外乎四難：新的資訊太濃縮，觀察角度太奇特，涉及學科太寬廣，語言裏充滿太多奇特的隱喻。」[3]

做了上述「熱身」後，我們開始來討論「熱媒介」、「冷媒介」的劃分。

什麼是熱媒介呢？麥克魯漢說，熱媒介傳播的資訊明確清楚，或者說具有高清晰度，因而接受者的參與程度低；冷媒介正好相反，它傳播的資訊模糊含混，因而接受者的參與程度就隨之提高。以照片與漫畫爲例：照片的清晰度高，畫面資訊一目瞭然，人們無須再多做「補充」，就可以很明確地瞭解其內容，也就是說參與度不高，所以，照片是熱媒介；而漫畫的清

晰度很低，提供的資訊不很清楚，人們必須調動想像力予以「補充」，才能完整地理解其中的含義，其參與度提高，所以漫畫是冷媒介。

按照上述觀點，麥克魯漢將廣播、電影、書籍、演講、報紙等劃為熱媒介，將電視、電話、交談、討論會等，視為冷媒介。

麥克魯漢冷熱媒介劃分的理論，既引起了學界的興趣，同樣也引起了激烈的爭論。這其中爭論最大的，是他將電視劃為冷媒介。下面這位學者的見解即很典型地反映了這一點[4]：

> 別的且不說，單以廣播為熱媒介，電視為涼媒介（即冷媒介——引者），麥克魯漢恐怕就難以自圓其說。因為根據他的涼熱界定進行推論，廣播同電視相比，由於沒有視覺刺激，從中感應的資訊就不如從電視中接收的資訊那麼清楚明白，所以同電視相比，廣播理應屬於低清晰度高參與度的媒介即涼媒介，怎麼反倒成為熱媒介呢？另一方面，電視與廣播相比，毫無疑問應屬高清晰度低參與度的媒介（即觀眾無須再對電視畫面上的資訊內容多做「補充」），也就是熱媒介，怎麼反倒成為涼媒介呢？這豈不是自相矛盾嗎？對此麥克魯漢曾解釋說，在電視螢幕上一秒鐘閃現數百萬個光點，而人眼只能感應其中的六十至七十個光點，並且觀眾還得將它們在大腦中依次組合成原先的圖像，這樣電視便成為低清晰度高參與度的媒介，即涼媒介。這種解釋奇則奇矣，但卻荒誕不經，令人難以信服。怨不得喬治‧H‧道格拉斯（George H. Douglas）撰文反駁說，媒介涼熱論究竟是「理論學說」呢，還是言不及義的

「詭辯」呢？

一些對麥氏觀點持積極肯定態度的學者，極力從當時電子技術情況來替他圓其說。他們認為在麥克魯漢寫作的時代，大多數電視機的圖像並不逼真，需要受眾去補充資訊，「也許，高清晰度的電視問世之後，我們有必要修正他對電視性質的界定：四十年前的電視清晰度低，固然可以是『冷』的，新一代高清晰度電視不再要求受眾去填補大量資訊，可能就是『熱』的了。」[5]

爭論歸爭論，人們不得不承認麥氏在電視和廣播的冷熱劃分上，確有許多精彩絕倫之筆。如關於冷熱媒介的適用對象，他舉了一個絕妙的例子。一九六〇年尼克森與甘迺迪競選美國總統，兩人透過大眾媒介發表辯論。當時聽收音機的聽眾以為尼克森贏定了；然而看電視的觀眾卻認為他輸定了。原因何在？麥氏是這樣解釋的：因為電視是冷媒介，所以適合於低清晰度的形象。甘迺迪是新人，他有許多東西不為人知，所以他的清晰度低，適合透過電視傳播。相反的，收音機是熱媒介，它適合於高清晰度的形象。尼克森是資深的議員和副總統，他的情況廣為人知，所以他的清晰度高，適合廣播這種媒介。

由於麥氏關於媒介的概念相當寬泛，所以他將冷熱媒介的劃分也延伸得很廣，可以用來解釋許多社會現象。

在日常生活中，女孩愛穿短、露、透的衣服，是因為她「不只是把自己裝扮成供人看的樣子，還要把自己裝扮成一個可以觸摸的人」。換句話說，她是高清晰度的，看她的人不必調動想像，就可以把她看個清清楚楚實實在在。而女孩戴墨鏡，「則會造成高深莫測與不易接近的意象，因此容易惹人注意，而

令人想參與以一窺究竟」。對於觀者來說，前者是熱媒介，後者是冷媒介。

其實，麥氏的冷熱劃分法，說怪異也不怪異，我們在日常生活中也有類似的作法。還是說女孩：那些熱情大方、可親可近的美女，我們稱之爲「熱美人」；而那些高傲冷豔、孤芳自賞的美女，我們稱之爲「冷美人」。美國俚語中，那些打扮與眾不同、不落俗套的人，以cool描述之，含有冷靜、冷漠之意。

麥克魯漢關於冷熱媒介劃分的理論，其意義何在？

首先，他指出冷媒介與熱媒介僅僅是兩類不同的媒介，並沒有薄此厚彼的傾向。不同的媒介由於其特性不同，需要我們以不同的接受態度去對待之。按照麥氏的劃分原則，源自西洋的油畫是寫實的，故是高清晰度的，是熱媒介；中國畫重寫意，神似勝於形似，需要調動觀者更多的參與，故是冷媒介。冷媒介具有更強的審美趣味性。麥氏以偵探小說、女人穿的網眼絲襪爲例，說明「想像」的補充與「視覺」的補充，如何使對象變得更美、更完善。據說，一九七二年，美國總統尼克森第一次訪問中國時，中國政府所送的國禮是著名的國畫家李苦禪先生的一幅畫。尼克森一干人對這件藝術品非常尊重，將它掛在白宮，中國畫在美國也因之提高了聲譽。在尼克森第二次訪華時，有人出主意要李苦禪先生即席作畫表演。誰知這樣卻把事情搞砸了。那些對中國畫完全是外行的外國人，一見到中國畫畫起來竟是那麼「隨意」、那麼簡單，覺得畫這種作品太容易了。回國以後不僅不掛李苦禪先生的新作，反而將原先那幅也撤下來，中國畫的聲譽在一些美國人心目中也因此大受影響。這個故事說明，習慣於欣賞熱媒介油畫的外國人，對冷媒介中國畫的欣賞力培養是需要時日的。讓李苦禪先生當場作

畫，又將冷媒介「熱」處理了（讓他清晰地看到繪製過程），結果，美國人記住了作畫的過程，而放棄了對畫本身的欣賞；這樣以「熱」對「冷」，自然是搞不到一塊去，成不了知音。

其次，關於冷熱的劃分，可以為我們認識社會提供新的視角。麥克魯漢說：「就熱、冷媒介而言，落後國家是冷的，而進步國家則是熱的。城市是熱的，鄉村是冷的。」在麥氏的大量論述中看，「熱的社會」是指那種需要高度秩序、緊張思考、一切服從的社會，而「冷的社會」是指那種調動了人們高度參與性、想像與個性隨意宣泄的社會。冷的社會雖然是落後的、鄉村的，但可以讓人放鬆神經，產生想像，宣泄情緒，而熱的社會卻大大限制了自由空間，束縛了人的想像力。這一觀點可以解釋，為什麼大多數的作家作品都極力謳歌古樸偏僻的鄉村田園牧歌式的生存狀態，詛咒現代文明、都市生活給人的窒息感。「冷」的鄉村，由於是低清晰度的，所以生活在這裏的人們需要調動更多的參與，其想像力便得到了很好的鍛鍊。在湖南省西部的一個偏僻的古縣城鳳凰，同時產生了文學大師沈從文和藝術大師黃永玉，他們的作品是本土的，同時又是世界的。很多人對此迷惑不解。如果以麥氏的理論觀之，就是偏僻湘西的鄉村是太「冷」了，有利於激發文學藝術家的想像力，調動他們的參與力，從而培養了他們的藝術創造力。這一點，在沈從文的自傳性文章中可以得到印證。

除了上述兩點外，麥氏的冷熱媒介論還提醒我們針對不同對象的冷熱度，以不同的媒介去傳播，以產生最佳的效果。如在冷性、非文字性的文化中，熱媒介的使用，會產生很大的社會效果；而冷媒介可以冷卻實際生活中的熱性狀況。諸如此類，不再贅述。

4.5 傳統媒介是否化爲泡沫──現代媒介的魅力

　　人們不僅視麥克魯漢爲傳播學的思想家，也是傳播領域的預言家。一九六四年他發表《理解媒介──論人的延伸》一書時，就已將電腦的傳播功能做了初步的揭示。眞可謂「小荷才露尖尖角，早有蜻蜓立上頭」。

　　　顯而易見，電腦可以用來摹擬意識過程，正如全球電子網路已經開始摹擬我們中樞神經系統的情況一樣。然而，即使有意識的電腦，仍將是我們意識的延伸，正如望遠鏡是眼睛的延伸，口技演員操縱的傀儡是口技演員的延伸一樣。

　　麥氏將由電腦構成的電子網路視爲人的中樞神經系統，眞是絕妙的比喻。它至少揭示了電腦網路媒介在資訊傳播上具有的特點：傳播快捷、反應靈敏、網狀遍布、牽一髮動全身、資訊容量大等等。

　　美國政府將電腦網路系統的建設稱爲建立資訊高速公路。這一技術發端於一九六〇年代，但大規模的走向應用，則是一九九〇年代的事了。一九九〇年代初，在一般大衆還搞不清什麼是資訊高速公路的時候，傳播業巨頭們已經明爭暗搶，搶占市場。美國政府也全力支持建立資訊高速公路。在一九九二年總統大選期間，柯林頓和高爾都打出資訊高速公路的旗號，作爲振興美國經濟的主要方法之一，並且將它與一九五〇年代修

建州際公路相提並論。一九九三年十二月十三日，美國大西洋貝爾公司發表了以三百二十億美元空前巨款收買最大的有線電視公司TCI的計劃，一舉掀起了全美資訊高速公路熱。

由電腦網路構成的資訊高速公路的出現，其傳播功能令人歎為觀止，輝煌的傳統媒介如報刊、廣播、電視，一夜之間彷彿如明日黃花蔫拉下來了。有道是：江山代有人才出，各領風騷有幾年？敏感的人們馬上發問：「資訊高速公路將給傳播業帶來什麼？」有人驚呼：「我們（指傳統媒介──引者）將化為『泡沫』！」

且看一位中國學者是如何描述這一新媒介的 [6]：

去年（一九九三年──引者）以來，一個新名詞資訊高速公路在美國炒得越來越紅火。所謂資訊高速公路，根據紐約《世界日報》一九九一年一月十六日記者余怡青文章的說法，它是一個將各種科技結合在一起的網路，可以傳送文字、聲音、影像，或是三者的組合。目前經由不同管道進入家庭的電話、無線、有線電視、報紙雜誌等文字資料，未來可以經由一條光纖纖維線路，傳送進類似今天的電視機裏。這個新的「電視機」和現在的大不相同，結合了電話、電視以及電腦的功能，可以打電話、看電視、聽廣播、看報紙、「借」閱圖書館的圖書並把它拷貝下來、整理儲存資料等等，它是一個多媒體。資訊高速公路還是一個多元化的視聽娛樂工具，使你有更多的選擇。資訊高速公路最大的革命來自它無以倫比的傳輸容量和速度。余怡青報導說，從理論上講，目前全美國的廣播電話的資訊容量加起來，一條光纖就可傳輸了，一整本大英百科全書

的資訊一秒鐘就可以傳輸完。

　　　與目前的報紙、廣播、電視、期刊單向傳播不同，資訊高速公路服務的最大特點是雙向傳播、互動溝通和個人化服務。個人根據自己的需要索取資訊，而不是被動的接受資訊。

　　時至二十一世紀，這一新的媒介已被普遍稱為網路媒介。舊時王謝堂前燕，飛入尋常百姓家。據CNNIC於二○○一年一月十七日發布的《中國網際網路發展狀況統計報告》，截至二○○○年十二月三十一日為止，中國上網電腦總數達到八百九十二萬臺，其中專線上網電腦一百四十一萬臺，撥號上網電腦七百五十一萬臺，而中國的上網用戶總人數則已達到兩千兩百五十萬人。在CN下註冊的域民總數已有十二萬二千零九十九個，WWW的站點數（包括.CN、.COM、.NET、.ORG下的網站）共約二十六萬五千個，中國國際線路的總容量已達二千七百九十九M。從歷年統計數字的對比來看，中國網路事業發展的速度的確十分驚人。下面僅從基本網路傳播受眾的角度，試列出一九九四至二○○○年中國網際網路網民的基本數字比照表。

年份	1994	1995	1996	1997	1998	1999	2000
網民人數（萬人）	1	8	20	67	210	890	2250

　　新興的網路媒介如此受人青睞，它有哪些優勢或特性呢？

　　首先是資訊的海量性。網路時代有一句廣為流傳的廣告詞，叫「e網打盡」，透過網路鏈結世界各地的網站，閱讀者在網上可以很容易地捕捉世界各地的最新資訊，在網上得到的資訊，比透過其他媒體獲取的資訊要大了不知多少倍。據英國

《金融時報》二〇〇〇年五月十八日刊發的文章說，每天網上刊載的免費閱覽的新資訊有將近一百萬頁，是全球英語圖書出版量的十倍多，在今後三年內，網上刊載的東西可能會是自印刷機發明以來，以印刷品形式出版文字的總和。如此大的資訊量，一個人即使是每天二十四小時不間斷地閱讀，也只能舀滄海之一瓢，得九牛之一毛。此時你會感歎在浩淼的資訊大海面前，人變得藐小，你會真正感到什麼叫資訊爆炸。

其次是資訊的寬容性。海量性是言其資訊量之多，寬容性是指網路上各種各樣的資訊都有存在的機會。網上資訊發布，除了主流新聞機構外，還有來自民間和個人獲得申請的組織和個人，都可在網上自由地發布資訊發表意見。在浩如煙海的資訊中，有嚴肅的，有活潑的；有真實的，有虛假的；有負責任的，有不負責任的；有善意的，有惡意的。如此等等，不一而足。這與傳統媒體資訊發布有很大的區別。「把關人」的行為在這裏有些鞭長莫及。一九九八年，美國爆出了總統柯林頓與白宮實習生陸文斯基的性醜聞。美國獨立檢察官斯塔爾公布了厚達四百四十五頁的報告書。斯塔爾的報告最先就是在網上公布的。當時一些傳統媒介出於某些擔心，不便或不敢貿然為之，而網路以其特殊的寬容性率先為之。在斯塔爾報告在網上發布後，《紐約時報》和《華盛頓郵報》這樣的傳統媒介，才得以有決心刊登其中的內容。由於報告書中有許多描寫性行為的露骨語言，在一般的情況下，報刊怕引起讀者的不快，多半不會詳細報導；而當網路媒介已經推出全版報告之後，對於傳統媒介來說，也就不必顧慮了。

資訊寬容性還表現在，網路資訊發布可以用匿名的方式，發布者的身分具有很大的隱蔽性，因而資訊發布也就具有極大

的自由。有一句「e時代」的名言對此做了詼諧的描述：「在網上沒人知道你是一隻狗。」事實上，人們如今已習慣於將網路媒介作為一個自由言說的平臺。一些人甚至把網路媒介作為宣洩不滿的「安全閥」。社會學界有著名的「安全閥理論」：安全閥可以使過量的蒸氣不斷排出，而不破壞整個結構；透過某種社會機制，適時宣洩人們心中的敵對情緒，而不對社會造成結構性的破壞。

再次就是傳播的交互性。公眾意見在網上頻繁而充分地交換，各種觀點在相互碰撞中生生滅滅。交互包括受眾與傳播者的交互，受眾與受眾的交互。在受眾與傳播者的交互中，又分為受眾與記者、編輯者、網路這三方面的交流。網上交互通常是透過電子郵件、討論版、新聞組、聊天室、文章留言等樣式實現的，更高級的樣式則是即時討論和新聞調查。請看二〇〇〇年八月二十二日新浪網上大陸著名歌手田震與網友的一段對話：

主持人：大家好，我們今天的嘉賓訪談請來的是著名歌手田震。首先我們請田震給大家做一下介紹，她最近在忙什麼，因為自我介紹已經不必要了，大家已經非常熟悉她了。

田震：除了演出還是演出了，就是這些事情，圍繞著新專輯。

網友：你是不是記得你的那次東北財經大學之行？我太崇拜你了。

田震：記得，那是第一次到大連。我覺得那裏挺漂亮的，而且那些學生也給我留下了很好的印象。

網友：你出來唱這麼多年，給你印象最深的是什麼？

田震：每一首歌其實都花費了很多心血，可以這麼說，都差不多有很深的印象。如果沒有很深的印象，這首歌曲恐怕不會出現在我的專輯裏面。

網友：你能解釋一下自己的音樂風格嗎？大家覺得你的音樂特別有個性。

田震：對於風格類的東西我不想多說什麼。我認為：任何「風格」這類定位的詞都將對我的未來產生阻礙。因為我覺得在音樂裏面，我為一個詞而著迷，叫喜新厭舊，所以我覺得應該不停地有一種變化，有了變化才會有新鮮的血液，這是我認為的。

網友：你被譽為歌壇的「皇后」和「大姐大」，你覺得這種稱號是否有壓力？

田震：無所謂。有也好，沒也罷，反正別把田震講成張三就可以了。

這樣的交流雖不是面對面的，但雙方即時的交互傳遞，已十分接近生活中的人際傳播了。可以說，沒有哪一種大眾傳播媒介比得上網路媒介，可以克服媒介傳播造成的仲介之隔，達到人際傳播直接溝通的效果。

最後，網路媒介是多媒體的。既有文字，也有圖像，還有音響。這也是其他媒介難以兼得的。

如此等等，網路媒介的優勢還可列舉。諸多優勢集一身，試看天下誰能敵？無怪乎人們要為傳統媒介的生存捏一把汗了。

大多數人對傳統媒介的生存還是持樂觀態度的。美國新聞

論壇基金會總裁兼首席行政官查爾斯·歐佛比（Charles Offbe）指出：「造成學術界和新聞界專業人士意見衝突的是，許多教授們深信傳統的新聞媒介是恐龍。從歷史的角度看，這是沒有根據的。至今還沒有一個媒介迫使另一個媒介出局的先例。凡是能適應各種變化的媒介，總是能生存和發展起來。」

在結束本部分內容的討論前，我們有必要對傳統媒介的優勢與劣勢做一簡要概括，這既是傳統媒介應對網路媒介挑戰的資本，也是傳統媒介在發展中特別要注意揚長避短的策略依據。

我們分印刷媒介與電子媒介兩類來概述傳統意義上的大眾媒體。

先看印刷媒介。

作為大眾傳播仲介，印刷媒介不僅歷史早，而且非常富有生命力。這是因為造紙術和印刷術發明得早，這方面的技術發育得比較成熟。

印刷媒介的優勢是顯而易見的。美國社會學家查爾斯·霍頓·庫利早在一九〇九年就指出，它在四個方面的優越性：

表達性，它們能傳送範圍廣闊的思想和感情。
記錄永久性，即超越時間。
迅速性，即超越空間。
分布性，即能達到所有各階級的人們 [7]。

我們還可以從與其他媒介的對比中來認識其特色。

首先，它是廉價的。報紙作為目前最主要的印刷媒介，是刊載新聞報導的主要仲介。現代的報紙，正是產生於印刷技術十分成熟的基礎上，它使得報紙的造價低廉，而且製作簡便。

沒有這一條件，人們的傳播活動就不可能大面積地發生。

　　其次，它的資訊量很大，大大超出廣播電視等媒介。因爲廣播電視的播報，總是要受到時間的限制，不可能每天超過二十四小時。更不要說受衆收看、收聽人數最多的「黃金時間」的容量十分有限，增加一個新節目就會擠掉原有的節目。然而報紙可以根據需要增加版面，增加新聞報導的容量。甚至可以發「號外」，提供一個發布重大新聞的資訊平臺。這樣傳播者的行爲就不易受到「無用武之地」的限制。

　　再次，報紙比其他媒介更便於保存資訊。廣播電臺的播音稍縱即逝；電視畫面一晃而過。如果不做錄製，就保存不下來。報紙上印刷的各類文字資訊、新聞報導，可以長期保存。

　　最後，報紙這一媒介形式最能方便受者接受資訊。無論電視還是廣播，甚至網路媒介，受者的受傳活動總是要受時空的制約，受者總是處於被動接受的狀態。從時間上說，只有當受者的接受行爲與傳者的傳播行爲同時發生時，才能接收到資訊。電視新聞播出時，你得打開電視收看；廣播節目播出時，你的收音機必須工作。錯過了時間，你就錯過了機會。而報紙卻可隨時翻閱。從空間來看，由於報紙便於攜帶，又能方便讀者隨地閱讀。從接受方式來看，報紙的受衆可以根據個別的習慣、興趣和能力做出閱讀選擇，或匆匆瀏覽，或細細品味。這些，都是電子媒介難以媲美的。

　　當然，報紙媒介也有其局限性。它借助文字符號傳播，故不及電視等媒介有生動形象的畫面供受衆「目睹」，也不能像廣播一樣透過聲波爲受者「耳聞」。所以，它要求受者具有一定的文化水平和閱讀能力。

　　書籍也是一種重要的印刷媒介，它的特點與報紙大同小

異。小異在於：它的內容時效性不及報紙，但它的資訊量更大，更適合保存。

再看電子媒介。

電子媒介，包括一切用電磁波來傳遞資訊的媒介。它的出現，給人類的傳播活動帶來了一場革命，意味著資訊時代的到來。它的一個突出特點就是「快」。借助電波，以每秒三十萬公里的速度迅速傳遞資訊，實現了新聞的「即時報導」。電子媒介被人稱爲是「一種能在瞬間跨洋越洲的傳播媒介」[8]。

人類的傳播方式，從符號學的觀點來看，一開始實際上就存在兩種情況：一種是有聲的，一種是無聲的。以這兩種形式傳播的資訊分別被資訊接收者「耳聞」和「目睹」。如果從「即時傳播資訊」這一點來考慮，以「耳聞」獲取的資訊，由於受聲波在傳播過程中衰減的影響，無法做到遠距離傳播；而「目睹」獲取的資訊，靠的是光影的投射，傳播所及要遠些。傳播學家梅爾文・德弗勒（Melvin Defleur）等人所著的《大眾傳播學諸論》說：「閃光反射鏡、信號燈、火炮、烽火臺都曾用於克服時間和距離的鬥爭。不過，這些早期傳播技術有很大的局限性，大多數十分累贅，極不可靠。許多技術有賴於好的天氣，有些只能處理很簡單的訊息。」[9]

人類一直在尋找一種既廣又快的傳播方式。特別是當西方社會進入十九世紀時，對能夠快速橫跨大洋的傳播手段的需求變得至關重要。隨著工業革命的興起，國與國之間商業交往的速度大大加快。英國建立了一個疆域遼闊的殖民帝國，可以自誇是一個日不落帝國。一個龐大而複雜的政治、軍事、經濟和商業等方面構成的網絡，需要有一個傳播得既快又廣的技術體系與之相匹配。

由於電子科學的進步，人們發明了用電磁波傳遞資訊的技術。隨著這方面技術不斷發展，今天，廣播、電視和網絡已經成了繼印刷媒介後的新的傳播媒介。採用電磁波傳遞資訊這一技術的，都有一個共同特點：傳者透過發送設備傳輸信號，受者接受資訊，必須依賴電子接收設備，如收音機、電視機、電腦等，捨此傳播行為無法實現。

廣播是最早出現的電子新聞媒介。

它的優勢，首先在於傳播迅速快捷。它以每秒鐘可繞地球七圈半的速度傳遞著剛剛發生和正在發生的事件的資訊。這是任何快速出版的印刷媒介所望塵莫及的。

其次，它能從聽覺方面讓接受者獲得高度真實的資訊。特別是現場錄音報導，給聽眾提供聽覺形象，能使人們產生身臨其境的感覺，有很強的感染力，獲得最佳的傳播效果。

再次，廣播擁有廣泛的受眾。不同年齡、不同文化層次、不同需求、不同場所、不同收聽條件的聽眾，都可以利用廣播媒介。據聯合國教科文組織國際交流問題研究委員會的報告，在全世界所有地區，大眾交流工具中最普遍的是無線電廣播。收音機在全世界範圍的迅速增加，是無線電廣播深遠影響的重要標誌。

廣播媒介的劣勢首先是節目內容的易消逝性。播音員播送的節目如時間的流逝一樣一去不返，聽眾稍不留神，就有可能丟失資訊。其次，廣播報導的選擇性差。廣播節目順時播出，聽眾完全只能按順序收聽，不像印刷媒介那樣有自由選擇的餘地。這樣，聽眾就處於較被動的狀態，一定程度上影響了他們的接收積極性。

電視是繼廣播後崛起的又一媒介新秀。它是將活動的畫面

與音響、文字結合起來的傳播媒介。其特點顯而易見：

首先是它具有獨特的音像效應。電視把活動的圖像與音響、文字混合播出，同時滿足了受眾的視覺與聽覺對資訊的接收需要，受者雖然只是面對螢光幕，但實際傳播效果比較接近人際傳播的情況，有一種置身其中的感覺。直觀的畫面降低了資訊接收的難度，也就較容易激起受眾的收視興趣。

其次是它很好的現場傳真性能。電視透過電波傳播資訊，傳播速度既快又視聽兼備，比報刊、廣播更能滿足新聞報導求快、求真的要求。同時，一般不干預現場事件的自身變化狀態，電視攝影機代替受眾的眼睛在觀察報導對象，受者獲取的不是記者「嚼過的饃」，有原汁原味感。

再次是它擁有廣泛的受眾。電視媒介的受者可以不受文化程度、年齡大小、職業差別、民族差異的影響。即使是在視覺或聽覺某一方面有所缺陷的受者，也能透過一個方面的器官部分地接收到資訊。所以，從理論上來說，電視的受眾應當是最多最廣泛的。

電視媒介的劣勢是：首先，同廣播媒介一樣，它的報導傳播要受時間、空間的限制。受眾必須按節目時間表的規定才能收視到，而且，由於受接收設備的限制，電視比廣播的受眾更易受空間的影響──受者必須面對一臺電視機！比方說，人們駕車時接收新聞資訊，就只能選擇廣播而不是電視。其次，電視報導操作手段複雜、節目製作成本昂貴。這一點使得電視報導手段的使用受到限制。

認識到各種媒介的優勢與劣勢，我們可以根據不同情況去努力用其長，避其短；在這個多媒體競爭的時代，我們有理由相信，每種媒介都可以找到自己的用武之地，施展不凡身手。

註　釋

[1] 潘知常、林瑋，《大眾傳媒與大眾文化》，頁142，上海人民出版社，2001年版。

[2] 苗棣、范鍾離，《電視文化學》，頁156、157，北京廣播學院出版社，1997年版。

[3] 何道寬，〈麥克盧漢的遺產——超越現代思維定勢的後現代思維〉，《深圳大學學報（人文社科版）》，1999年第4期。

[4] 李彬，《傳播學引論》，頁158，新華出版社，1996年版。

[5] 何道寬，〈麥克盧漢的遺產——超越現代思維定勢的後現代思維〉，《深圳大學學報（人文社科版）》，1999年第4期。

[6] 朱光烈，〈我們都將化爲「泡沫」——資訊高速公路將給傳播業帶來什麼？〉，《北京廣播學院學報》，1994年第2期。

[7] ［美］梅爾文·德弗勒等，《大眾傳播學諸論》，頁27，新華出版社，1990年版。

[8] ［美］梅爾文·德弗勒等，《大眾傳播學諸論》，頁97，新華出版社，1990年版。

[9] ［美］梅爾文·德弗勒等，《大眾傳播學諸論》，頁99，新華出版社，1990年版。

5. 受眾地位

　　在大眾傳播研究中，受眾指的是大眾傳媒的資訊接受者或傳播對象。受眾是一個集合概念，最直觀地體現爲作爲大眾傳媒資訊接受者的社會人群，例如書籍、報刊的讀者、廣播的聽眾或電影、電視的觀眾等等。傳播學家克勞斯（Klaus）認爲，受眾按其規模可以分爲三個不同的層次：第一個層次是特定國家或地區內能夠接觸到傳媒資訊的總人口，這是最大規模的受眾。例如在我國的電視覆蓋區域內，凡擁有電視機或能觀看電視節目的人，都是電視傳媒的受眾；第二個層次是對特定傳媒或特定資訊內容保持著定期接觸的人，如報紙的定期讀者或電視節目的穩定觀眾；第三個層次是不但接觸了媒介內容、而且也在態度或行動上實際接受了媒介影響的人，對傳媒而言這部分人屬於有效受眾，在他們身上體現了實質性的傳播效果。

　　　　　　　　　　——郭慶光《傳播學教程》

　　無論目的是爲了出售更多的肥皂，或者是爭取候選人當選，還是防止森林火災，所有這些努力都有一個共同問題：當使用大眾媒介進行説服時，有什麼辦法傳遞訊息，可以增大受眾響應的可能性呢？策略之一是根據「一樣訊息適用全體」的想法，占用媒介的版面或時間，發出廣告或呼籲，也就是使用針對全體受眾的普遍訊息，來指望最佳效果。然而，心理學基礎研究使人們日益懂得，在認識結構上存在著大範圍的個人差異，這就表明，一種不同的策略可能更爲有效。合乎邏輯的作法是：説服性訊息應當根據具體對象的興趣、需要、價值觀、信念等等，因人而異。

　　　　　──[美]梅爾文·德弗勒等：《大眾傳播學諸論》

5.1 中彈即倒還是聯合禦敵──受眾情況分析

　　最早對大眾傳播媒介的傳播效果進行系統研究的理論模式，可能非「魔彈論」莫屬了。「魔彈論」又名「槍彈論」、「靶子論」、「銀彈論」，顧名思義，即是大眾傳播媒介的威力無窮，其傳播效果異常顯著，它傳播給受眾的資訊就像一束束流彈，受眾就像「相互隔絕，孤立無援」的一個個活靶，只要被流彈擊中，便會應聲而倒，毫無還手之力。同時，「魔彈論」還被稱爲「機械的刺激─反應論」、「皮下注射論」。亦即傳媒所傳遞的資訊就像藥劑注入皮膚一樣，可以在受眾身上引起直接速效的麻醉反應，從而不但能夠起到左右人們的意見或態度，甚至還可以支配他們的行動。作爲魔彈，它就可以毫無阻攔地傳遞思想、觀念、知識、情感、欲望和價值觀等等，人們不斷地接受，不加分辨並對此習以爲常，而且不斷地把它們灌注到自己的生活實踐中去，有的還成爲自己的行爲準則和人生觀。因此，施蘭姆這樣總結：「傳播似乎可以把某些東西注入人的頭腦，就像電流使電燈發出光亮一樣直截了當。」

　　說到「魔彈論」，我們就不得不提到拉斯威爾。他於一九二七年出版了他的博士論文《世界大戰的宣傳技巧》，並一舉成名，在傳播學界具有里程碑式的意義。在這篇論文中，他集中研究了戰時宣傳和媒介的傳播效果之間的關係。他十分肯定地說：「小原始部落可以透過擊鼓和劇烈節奏的舞蹈，把異質的成員鑄成一個戰鬥整體。在激昂的狂舞中，年輕人被帶到了戰

爭的沸騰點，男女老少都爲部落意志如癡如狂。在大型社會，用戰舞的火爐來把任性的個人融爲一體已不可能。必須用新的更微妙的手段，將成千上萬甚至上百萬人鑄成一個具有共同仇恨、意志和希望的大集體。新的火焰必須燒盡分歧的潰瘍，錘鍊鋼鐵般的戰鬥熱情。社會團結的這一新錘砧的名字是宣傳。」

　　爲什麼媒介被認爲是俯視眾生、無所不能的「上帝」，而芸芸眾生只能對它俯首稱臣，唯命是從呢？難道它的「教義」眞的是「福音書」，可以惠澤宇內，啓迪大眾的心智嗎？其實，拉斯威爾的理論成果是有其深厚的現實基礎的。我們知道，一九一四到一九一八年發生了人類歷史上第一次空前規模的全球性大戰：第一次世界大戰。這一期間，交通和通訊工具簡單甚至簡陋，大眾傳播媒介還處於不發達階段，報紙的普及度還不高，廣播和電視也處於萌芽狀態。交戰雙方同盟國和協約國卻充分意識到了宣傳的重要性。從某種意義上來講，這也是一場聲勢浩大的世界宣傳大戰。因爲雙方都動用一切手段，包括用飛機拋撒傳單這種新穎的方式，大張旗鼓地開展宣傳活動，極盡聳動誇張之能事，力求有駭人聽聞的效果，以期能動搖敵方軍心，鼓舞己方士氣。「從戰爭的第一周起，德國報紙上便充滿關於比利時人『反抗的殘酷行爲』的種種故事，什麼『武裝的教士帶領著一幫一幫搶劫掠奪的市民，無惡不作……奸詐陰險地伏擊巡邏兵，哨兵的眼睛被挖了，舌頭被割了』等等。而德國人更是被協約國描繪成人面獸心的傢伙，洗劫城市，槍殺婦女兒童，破壞文物古蹟，就像古代的匈奴王阿提拉（Attila）一樣的殘忍野蠻，他們進行的戰爭不僅是對平民的戰爭，而且是對子孫萬代的戰爭；因而整個世界都要起來反對德國，以保護人類的文明成果。後來美國出兵的一大因素，就是由這種戰

爭宣傳所造成的印象。」[1]

　　一戰結束後不久，法西斯軍國主義開始崛起，新的戰爭威脅進一步加劇，隨著廣播和電視的開始出現，傳播媒介便被法西斯分子用作宣傳的強有力工具，成千上萬的民眾如癡如醉地聆聽希特勒的廣播演講，歇斯底里地向納粹黨魁歡呼致意。對此，茨威格在《昨日的世界》中描述到：「我應與之鬥爭的敵人，是寧可把別人送去受苦丟命的偽英雄主義，沒良心的政治和軍事預言家們廉價的樂觀主義，他們無恥地預言勝利，延長屠殺，在他們背後是雇傭來的合唱隊，『戰爭的代言人』……誰若是有顧慮，誰就被目為破壞了他們的愛國交易；誰若是發出警告，誰就被嘲笑為悲觀分子；誰若是反對這場並不使他們自己受罪的戰爭，誰就被加上叛徒的罪名。」在戰爭狂人的鼓吹煽動下，不少人被迷惑甚至上當。日本的「武士道」精神更是在「向天皇效忠」的幌子下，鼓勵開往前線的士兵「不成功，便成仁」，可以「剖腹示忠」。所以，《大眾傳播學諸論》的作者、美國傳播學家德弗勒說：「經過美西戰爭和第一次世界大戰，人們更加相信，媒介能夠左右和形成觀點、態度和大眾行為。」就連麥克魯漢也相信，如果沒有廣播，就沒有希特勒的發跡。其實，前蘇聯報紙和廣播的宣傳內容也一樣進入了戰時軌道。在「一切為了前線，一切為了勝利」的口號下，著重宣傳保衛國家、同德國法西斯決戰的主要思想。其廣播電臺也加強了對國外廣播。一九四四年，電臺用二十九種語言對敵國、盟國、納粹占領國家和中立國家廣播，蘇聯的技術人員和廣播工作者用與德國相同的頻率播音，以此來壓垮、干擾德國的新聞廣播，加強自己的宣傳力量。這為蘇聯贏得衛國戰爭的勝利做出了極大的貢獻。

　　戰時宣傳的特殊效果給「魔彈論」提供了實證依據，另一方面，十九世紀末二十世紀興起的本能心理學爲此又提供了理論支持，該理論認爲人的行爲一般都要受到本能的「刺激—反應」機制的主導，同時由於人的遺傳生理機制是大致相同的，施以某種特定的「刺激」，便會引起基本相同的「反應」，經過重複施加「刺激」，便能夠使人產生本能的反應，形成一種條件反射，就像「扣膝」反應一樣，只要對膝蓋輕輕一敲，小腿就會機械地隨之跳動。

　　另外，「魔彈論」的又一個立論基礎是大眾社會論。二十世紀初期開始的工業化浪潮洶湧澎湃，大有席捲全球之勢。因此，德國思想家馬克斯‧韋伯（Max Weber）把工業化前後的社會，分別叫作「禮俗社會」和「法理社會」。生在禮俗社會中的人們之間的關係，不依靠政權機構和法規來維繫，它更多地建立在親情和血緣關係上，具有濃厚的人情味和千絲萬縷親緣特色，人們相信「血濃於水」，過著傳統的自給自足的生活。而法理社會則不同了。因爲工業化的波瀾壯闊，專業分工越來越細，生活節奏不斷加快，人們之間的交際，走親會友的機會相對減少，社會成員變成了均質的、分散的、孤立的「原子」，個人在獲得自由的同時，也失去了統一的價值觀和行爲參照系，失去了傳統社會結構對他們的保護，勢必使人際關係越來越隔膜，變得「比鄰若天涯」了。因此，工業社會使大眾變成「相互隔絕，孤立無援」的「烏合之眾」。大眾就像散沙，互不相干，他們成分複雜，不存在親情的細節，只有法律的關係，每個人都以完全獨立的個人身分投身社會，因此在心理上都陷入孤苦零丁、無依無靠的狀態之中。這種狀況，使得他們在任何有組織的說服或宣傳活動面前，都處於孤立無援、十分脆弱的

被動狀態。

其次，「魔彈論」理論還可從特殊的媒介事件找到佐證。其一是赫斯特報系一手挑起了一八八九年的美西戰爭和教唆刺殺麥金萊（William McKinley）總統。其二是一九三八年萬聖節前夕，哥倫比亞廣播公司根據科幻小說改編的廣播劇「火星人入侵地球」，結果使成千上萬的聽眾信以為真，造成了大規模的社會恐慌。因此，不少人相信大眾傳播確實能夠產生奇蹟般的魔力。

基於此，人們更容易相信「魔彈論」或「皮下注射論」橫掃千軍、縱橫捭闔的氣勢了。果如此，大眾傳播的受眾們便像被媒體點中「要穴」而成為 "sitting duck"（「呆坐不動的鴨子」，意即受攻擊的對象或容易擊中的目標），聽憑媒體「呼風喚雨」，他們便也「聽到風來就是雨到」；聽憑媒體萬箭齊發，他們便成為毫無遮擋的「稻草人」，對傷痛已然麻木，「痛著也愛著」；聽憑媒體的「槍林彈雨」，而防不勝防，而被分割包圍，各個擊破，最終紛紛落馬。難怪有人說，創造這個世界的是上帝，再造這個世界的就是媒體。

但我們不禁要問：如果真是這樣的話，芸芸眾生豈不真的變成了視聽文盲，行動的白癡了嗎？事實上，受眾並非傳統的反常之人，但也並非傳統的正常之人，而是現代的非常之人。同樣的，受眾並非只是被動處理資訊的弱者，也並非能夠主動處理資訊的強者，而只是能夠「自由地」面對資訊的消費者。既然是消費者，他就要觀察市場行情，他就要貨比三家；既然是消費者，他也要徵詢其他人的意見，在處理「資訊商品」之前，多聽局外人或旁觀者的「評頭論足」。在此意義上，受眾也並非是「相互隔絕，孤立無援」的「散兵游勇」，即使在法理社

會之中，他們也會不同程度地分享資源，相互溝通，「聯合禦敵」的。人最怕的是孤獨，誰也不想成為「孤家寡人」。事實上，在受眾之間存在著十分密切的社會聯繫，它就像一張無形的網絡把受眾連成一個牢固的整體。所以受眾並非一群各行其是的烏合之眾，也並非一排束手待斃的靶子。他們在大眾傳播媒介的資訊轟炸之下準備充分，並聯合起來共同抵抗媒體資訊的侵擾。「魔彈論」把媒體看作是百發百中的神射手，受眾只是孤獨無助的「靶子」，是基於一戰前後而且主要基於戰時宣傳的強大效果。其實，媒介並非萬能的「上帝」，它並不能明察秋毫，受眾的身上也是穿上了「防彈衣」的，其保護作用大大降低了媒體資訊的命中率和攻擊力。這種「防彈衣」就是有限效果論所說的媒介和受眾之間的「緩衝體」。

　　根據德弗勒的觀點，媒介發出的諸多資訊並不是毫無阻攔地直接射到受眾身上去的，相反的，它要經過一系列群體網絡的緩衝與遲滯，等最後到達受眾的接受區時已成了強弩之末。其微弱的效果已不足以對受眾產生很強烈的影響。在受眾與媒介之間的緩衝體，大致可以分為個人差異、社會類型和社會關係三個方面。

　　首先我們來看個人差異。魔彈論把受眾看成是毫無區別，毫無個性差異的，這就太絕對了。其實，面對相同的資訊，受眾的反應是不盡相同的。同是讀《紅樓夢》，不同的讀者就有不同的反應。舉例來說，人們對林黛玉和薛寶釵的評價吧。林妹妹身體嬌弱，多愁善感；寶姐姐善解人意，八面玲瓏。有的喜歡前者的溫柔，有的則中意後者的幹練。不能一概而論。同樣道理，對於美伊戰爭，小布希與哈珊的看法就有天壤之別，更別說其他千千萬萬人了。如果照魔彈論所說，人們會持一致的

看法，那就太不切合實際了。不同的人有著不同的個性差異，在這個世間上要找到兩個個性完全相同的人，簡直是不可能的。推而言之，受眾對資訊的處理也就因人而異。有的可能中彈而倒，而有的則會平安無事。

　　所以說，不同的人對相同的資訊會有不同的處理方式，即使同一個人對相同的資訊也會因情境不同而產生不同的反應。在媒介資訊的攻勢下，因為身材的緣故，有的人可能閃躲及時而毫髮無損，有的人則可能應聲倒地。這裏說的是個人差異的影響。

　　其次，不同的群體對相同資訊有不同反應。例如，斯蒂芬·茨威格（S. Zwig）曾寫過一篇〈保守不住的秘密〉的小說。其標題按原文直譯為「燃燒的秘密」，它被改編成電影在柏林放映時，正巧碰上德國法西斯黨徒一手製造了「國會縱火案」。圍在電影廣告牌前的觀眾，對這種巧合很覺有趣，也頗覺解恨。他們相視而笑，心照不宣。結果作賊心虛的納粹分子怒火中燒，不僅撕了廣告，還查禁了影片。再如一九八五年四月，美國天王巨星喬治·麥可在北京工人體育館，為一萬二千人做過一次表演，他竭盡全力為流露出一臉「神秘微笑」的中國觀眾唱遍了全部的成名歌曲，結果全場愕然，最終只好以慘敗而告終，帶著滿臉的尷尬和滿腹的困惑離開了神秘莫測的中國。他搞不懂為什麼西方觀眾如癡如醉的東西在這裏卻遭遇了冷場。

　　另外，受眾的社會關係也是極為複雜的。盤根錯節的人際網絡把受眾結成一個牢固的整體，而非「孤立無援」的「烏合之眾」。他們進則同進，退則同退，媒介的資訊如果想要打動受眾個人，首先必須作用於受眾群體，而要影響群體，顯然沒有影響個體那麼輕而易舉。正如盧因的團體動力學所言，傳播對

象並不是一個無依無靠的孤零零的靶子，在其身後還有團體的靠山，並受到團體規範的保護。他們藏身於團體的掩護之中，堅持住自己的陣地，靜觀資訊的千變萬化，並對林林總總的資訊進行篩選，有用則用，無用則棄。

總之，受眾憑了這三種緩衝體與媒介的資訊進攻周旋。他們以群體為依託，對資訊進行選擇並自我解釋和理解，使資訊傳播者所渴望的一掃千軍之勢一點一點消弭。

5.2 固若金湯的陣地——特殊的受眾

當一些傳播學家將受者視為中彈即倒的「靶子」時，有人並沒有被這理論的「魔彈」擊中。他們反擊說，受眾不是那麼輕易就可以被媒體的流彈擊中的。他們的陣地固若金湯，「魔彈」再「魔」，也難以將受眾的陣地攻破。

哈佛大學的心理學家鮑爾（Raymond Bauer）於一九六四年發表的〈固執的受眾〉，可以說是向「魔彈論」宣戰的一篇檄文，施蘭姆這樣評價：「到一九三〇年代末，各種書籍中的研究足以表明，所謂槍彈不可抗拒的看法是沒有根據的，而雷蒙德‧鮑爾在一九六四年發表的題為〈固執的受眾〉一文，則為魔彈論唱了最後的輓歌。」這篇文章證明了幾十年前已經得出的結論：「人民並不是射擊場上的靶子；當他們受到宣傳彈的襲擊時，並不是隨之而倒。他們能排斥槍彈；或是抵抗它們，或是對之另做解釋，或是把它們用於自己的目的，受眾是固執的，他們拒絕倒下，而且傳播的訊息也並不像槍彈，它們並不是射向接受者，而是放置在接受者可以愛怎麼處理就怎麼處理

的地方。」

也就是說，受眾才是傳播過程中起決定作用的方面。傳播研究應該從受眾的角度出發，應該著重探討受眾對資訊的處理，以及對整個傳播過程的決定性作用。鮑爾的〈固執的受眾〉認為受眾坐懷不亂，明察秋毫，始終居於中心地位。因為受眾有堅固的根據地，「兵來將擋，水來土掩」，可以把媒介的所發之力、衝鋒之勢化解於無形。

李普曼（Walter Lippmann）認為，受眾的陣地之所以如此壁壘森嚴，乃是因為他們存在著「固定的成見」，而「固定的成見」是很具有防護作用的[2]：

　　當我們探索一種較無興趣的形象時，為什麼總是抓住我們固定的成見不放呢？除了省力以外，還有另一種原因。固定的成見的體系可能是我們個人傳統的核心，是我們社會地位的防護。

　　這種固定的成見的體系是有條理的，或多或少是始終如一的對於世界的想像，我們的習慣、情趣、智慧、安慰以及我們的希望都根據它來進行調節。它們可能不是完整的世界形象，但它們是可能適應的世界形象。在那個世界中，人和物都有其熟悉的地位，並做著某些可想見的事。我們在其中感到很自在。我們很適應。我們是其中的成員。我們熟悉情況。在那裏，我們發現熟悉的、正常的和可靠的魅力；我們慣常地找到它們適當的位置和狀態。雖然在我們受它影響以前，我們曾迴避它對我們的誘惑，但一旦我們牢固地產生了成見，就很難解脫它。

正因為受眾是「頑固的」，不是可以隨便欺負的，那麼大眾

傳播媒介所發出的資訊，就難以保證有傳播者事先預料的那樣好，就要大打折扣。對於心中預設了防護網的「頑固」的受眾來說，他們不想被動地為媒體所左右，他們要主動地去發現訊息。「因為當成見的體系已牢固地形成時，我們就會注意那些能支撐成見的事實，而不去注意那些與成見相矛盾的事實……凡不相等的都會受到抵制，凡不相同的都會視而不見。我們不去看那些我們的眼睛慣常不重視的東西。我們有時候有意識地、更經常是不自覺地被一些符合我們的哲學的事實所感動。」

　　因而無論魔彈論也好，皮下注射論也好，無非是把受眾當作毫無主見和思想以及毫無差異的個體；然而，他們卻團結一心，固執己見，根本不把媒體一廂情願的轟炸當作一回事，他們可以輕輕鬆鬆地抵抗，因為他們的陣地固若金湯。其堅固性在於——

　　首先，人們比較相信「以事實為準繩」，當宣傳的內容與事實相矛盾的時候，人們往往對傳播的資訊不以為然。有位記者對此種「尷尬」就深有感觸：「物價開放的第一個冬天，天津大白菜吃緊。受主管部門的指點，也出於好意，我指揮記者採寫了一條〈大白菜貨源充足，請您放心〉的稿子發在《天津日報》頭條，誰知轉日搶購更烈，市主要領導批評我們幫倒忙。讓百姓說得更狠：你們報紙說多的一定少。」「一九八八年大搶購之前，新聞拿出吃奶的勁報導，物價平穩，貨源充足，結果市場並沒有給我們留多少面子，新聞最後面對的是擠兌的銀行，搶空的貨櫃。」[3] 正因為人們普遍對媒體的宣傳懷有戒備之心，他們寧願相信自己的經驗，也不願輕而易舉地上媒體的當。所以，李普曼說：「來自外部的刺激，尤其是印刷文字或是口語在某種程度上喚起了某些成見，那麼就使實際的感覺和

先入之見同時存在於意識中。兩者屬合起來,就好比是我們透過藍色的玻璃看紅色的東西,結果看到的是綠色。」[4] 爲什麼我們看不見事物的本色了呢?這正是媒體試圖以「藍色的玻璃」過濾某些事實的結果。

其次,受眾如果存在著逆反心理,受某些預存立場、思維定勢的影響,產生了與傳播者的正確觀點相牴觸的思想情結或心理傾向,具有對媒介資訊做簡單的感情的逆向思維和反向理解的心理意識,因而能在傳播者與受眾之間築起一道抵禦資訊的心理防線,使媒介資訊的含義扭曲、變形,使資訊傳播的力度減弱、轉向。受眾的這種先入爲主的意識,使媒介的後入資訊難以進入,大大削弱了傳播的效果。

更有甚者,如果媒介的宣傳還傷害了個人利益或侵犯了個人隱私的話,那就更不得了了。受眾不爲所動且不說,嚴重的還會吃官司,引來訴訟上身。有這樣一個例子——

二〇〇二年十一月十三日由貴陽的報紙刊出、經多家媒體炒作和大肆渲染的「愛滋病病毒感染者結婚」、並由「濮存昕(大陸著名演員)證婚」的報導,其眞實情況怎麼樣呢?當事人小琴是這樣說的:「我和老四(她的未婚夫)登記那天,那些記者拿彩條往天花板上一拉,把我跟老四拖到床上坐好,拍了照片就發表到報紙上……」「我不是愛滋女,愛滋病病毒感染者和病人不是一回事,我是人,是人!」「(媒體)炒作得太那個了,正面的反面的都在亂寫。現在搞成這個樣子,他們(指記者)拍的那些照片都沒有給我們留一張。」「媒體太可怕了!」究竟記者都做了些什麼呢?爲了方便聯繫,給小琴購置了通訊設備,描述她的穿著,刊登她的照片,甚至直接將鏡頭對準她,使親戚朋友全部認出她並疏遠她,甚至連男友的臨時工作

也因此丟了。結果婚禮也沒有如期舉行。你想除了傷心之外，她還感動得起來嗎？

　　此外，受眾群又是一個複雜的團體：性別不同，年齡有異，興趣、愛好、觀念相差甚遠，閱歷又有深淺，動機和需要難以苟同。因此，各人對媒體資訊的使用程度是不一樣的。德弗勒將這種個人差異分爲以下五種：(1)人們的心理結構形形色色，千差萬別；(2)人們的先天稟賦與後天習性各不一樣；(3)因爲社會環境不同所習得的立場、觀點、信仰、態度的不同；（4）由此又造成人們在理解客觀事物上的差異；（5）因理解不同而形成的穩定見解，又影響人們對資訊的選擇和解釋。美國有兩位營銷活動研究專家弗蘭克（Frank）和格林伯格（Greenberg），曾經對兩千五百名十三歲以上的電視觀眾進行抽樣調查發現，因爲教育程度、生活方式以及興趣愛好的不同，人們的電視收看行爲和趣味指向也是不一樣的。比較典型的類群有：

　　愛好機械和戶外生活型。幾乎全部是青年男子，他們不喜歡同他人正面直接競爭。他們愛看英雄獲勝類型的節目，包括科幻劇（Si-Fi）、冒險劇（adventure show）、警察劇（cop show）、電視電影（TV movie）。

　　家庭中心型。以成年女性居多，通常家有幼兒，凡事多以家庭爲重心。她們願意選擇父母兒女可以共同觀賞的電視節目，並且喜歡用電視來促進父母與孩子之間的情感交流。

　　競賽性運動與科學工程型。男性爲多。他們通常收看體育節目、動畫片、科幻劇、情景喜劇之類的電視節目，而且喜歡看描寫年輕人與父母長輩或是權威衝突的故事，並站在年輕一代一邊；拒絕看知識文化及表現女強人的節目。

　　戶內遊戲及社交型。大都為年輕女性，社會經濟地位較低。她們一般愛看青春類型的電視劇、情景喜劇，以及猜謎問答式的遊戲節目；不愛看新聞、脫口秀（talk show）、紀錄片、教育文化節目。

　　所以，人們出於自己的經驗和各種需要，總是選擇那些與自己「胃口」投合的資訊，而對其他與己無關的或不符合自己價值取向和利益關係的資訊不屑一顧。一旦人們頭腦中有了這種先入之見，它會像澆鑄的鉛版一樣牢不可破。它成為抵擋傳播資訊的流彈與箭頭的防彈掩體和擋箭牌，以免人們受到不利資訊的傷害。正如李普曼在《輿論學》中所言：「固定的成見的形式並不是中立的。它不僅僅是用來代替很嘈雜混亂的現實的一種方法。它也不僅僅是一條捷徑。除了這些以外，還有更多的含義。它是我們自尊的保證；它反映了我們對於我們自己的價值、我們自己的地位和我們自己的權利的看法。因此，一些固定的成見都是極大地包含了它們所附帶的感情的。它們是我們傳統的堡壘，在它們的防衛下，我們能夠繼續感到我們自己安全地處在我們所處的地位」。

　　也就是說，為了保護這「壁壘」，人們總是選取於己有利的資訊，以免被那些不利的資訊鑽空子，而影響自己的情緒、觀念，乃至於自己的社會地位。這也是選擇性理論所極力倡導的。正如賽佛林和坦卡德所言：選擇性接觸、選擇性理解與選擇性記憶好似環繞每個受眾的三道防衛圈，從外到內依次與大眾媒介相抗衡，逐級抵禦媒介對自己原有立場的衝擊，不斷抗拒資訊對自己既定認識的襲擾。其中最外圍的那道防衛圈，就是選擇性接觸。

　　選擇性接觸又稱選擇性注意。它是指受眾在面對撲面而來

的林林總總的資訊時，注意力總會自然而然地指向那些符合自己的觀點、態度、志趣和價值觀的內容，而對與己無關的東西漠然置之。同是體育報導（節目），有的喜歡足球，有的喜歡籃球，有的則中意武術、圍棋。對媒體的主動選擇也是一樣。有的喜歡報紙；有的則中意雜誌的詳細分析；有的則乾脆打開收音機，一邊做其他的事，一邊搜尋自己想要的資訊；還有的悠閒地躺在沙發裏，在電視的音畫裏獲取相關內容。當然，最好不過的是點幾下滑鼠，從網路上瀏覽或者下載文件。同是報紙，愛好足球的當然買《足球報》；關注股市行情的人一般要買份《證券投資》；對文學毫無興趣可言的人難得掏腰包買《文學報》。因爲受眾有不同的個性差異，身處不同的社會關係和社會類型，必然會對媒介的資訊進行篩選和過濾，此種「把關」乃是受眾的自衛性反應。伊斯蘭教徒不吃豬肉，因此，儘管紅燒也好，水煮肉片也好，再鮮美再膾炙人口，他們也會避而遠之。

　　然而，密集如蟻的資訊大軍鋪天蓋地而來，有時候簡直是「遮天蔽日」，塵土飛揚，使受眾的眼睛迷迷濛濛，分不清東西南北。比如，愛好「雅樂」的人們已不可能只沈浸在「高山流水」之中，沸沸揚揚、下里巴人的「俗樂」經由各種管道強行侵入。那該怎麼辦？這下受眾的第二道防衛圈——選擇性理解就要發揮作用了。顧名思義，選擇性理解就是指受眾依據自身的價值體系，對接觸到的資訊做出獨特的個人解釋，以避免認知的不協調，其主動性是顯而易見的。誠如李普曼所說：「對於所有的聽眾來說，完全相同的報導聽起來也不會是同樣的，由於沒有相同的經驗，每一個人的領會也有不同，每個人會按照自己的方式去理解它，並且屬入他自己的感情。」例如，一九

八二年中國曾轉發過美聯社的一條消息，報導小雷根失業的事：「就在羅納德·雷根總統對全國說『美國正在走向經濟復甦』之前幾小時，他的兒子普雷斯科特·雷根卻在這裏同失業者一道領取救濟金。」其實該消息所要傳達的資訊，是用小雷根失業與老雷根宣揚的「美國經濟復甦」構成對比，說明美國的經濟情況並不如總統說的那麼好。而中國讀者的理解就不同了。一些談及反腐敗的文章引用此例，說人家美國如何如何民主，總統的兒子也可以失業，並不仗著老子的地位而找好工作發大財等等。同一資訊，不同的人的解讀竟如此不同。看來，「一千個讀者就有一千個哈姆雷特」還真是言之在理。

選擇性理解就是這樣，資訊中的含義並不按照媒介的願望強加給受眾，而是受眾按照自己的意願去從中發現、從中提取的。俗話說「仁者見仁，智者見智」。魯迅先生所說的不同的人閱讀《紅樓夢》就有不同的感受，也是這個意思。人們在理解媒介的資訊時也有如此效果。例如，魯西迪的小說《魔鬼詩篇》在伊斯蘭教徒中引起了極大的憤慨，被當成褻瀆真主的邪惡之作，為此伊朗宗教領袖何梅尼宣布懸賞百萬美元通緝他；然而，對非伊斯蘭教徒來說，那又有什麼好大驚小怪的呢？我國古代也有因為寫「清風不識字，何故亂翻書」，被認為別有所指，而招來殺身之禍的。在大多數讀者看來，那只不過是作者受一時靈感觸動的信手之作而已。受眾的選擇性理解，也受到個性差異、社會類型和社會關係的影響。德弗勒曾經舉過這樣一個例子：「有年輕子女的家長，對暴力和色情內容明顯的電視節目特別敏感，其程度就要大於無子女的人們。」

解讀的不同，資訊的貯存也會各異，那麼，必然引起認識上有所側重，這就是受眾抵禦傳播的第三道防衛圈──選擇性記

憶。美國的研究者曾做過一次實驗，他們挑選出兩組大學生，其中一組對前蘇聯有好感，另一組則懷有敵視。研究人員先請兩組實驗對象閱讀一份全面介紹前蘇聯的材料，裏面反映的情況有好有壞，閱讀之後再請他們憑自己的記憶，複述這份材料的內容。結果不言而喻，敵視者記的多為壞的一面，友好者記的多為好的一面。有一個故事說道：一位年過花甲的老太太特地請了一個長得高䠷靚麗、聲音柔和悅耳的女大學生做保母。保母只做一件事：每天為這位老太太念一遍四十年前的舊報紙中的一篇報導。那上面記載了一對風靡一時的情侶的故事。女主角高貴典雅，男主角英俊瀟灑，氣度不凡。天造地設的一對簡直是人們心目中的偶像，萬眾矚目的焦點。後來，那個女孩發現故事中的女主角就是眼前這位聽報紙的老太太。每次她把故事讀完，老人的臉上又洋溢著幸福的榮光，安靜祥和中透出端莊。刻骨銘心的人生經歷讓她難忘，而今只能在「再回首」中瞥見那慢慢消逝的背影。

　　因此，所謂選擇性記憶，就是受眾在已經「理解」的資訊中，將最有利於己的部分貯存於自己的大腦中。這個過程往往是在無意識中進行的，受眾記住某種資訊，並非由於它合乎自己的口味而將它存入記憶中，而是不知不覺地記住某種資訊的事實本身，正表明它投己所好，表明它合乎自己的認知結構和思維定勢。所以說，把受眾當作「千人一面」而進行資訊攻擊，乃是傳播者單方面的一種美好假設而已。個體的選擇不但「蘿蔔白菜，各有所愛」，而且他們還會結成不同的社會群體，從而以群體的陣地為依託，同傳媒的資訊大軍周旋。他們的陣地不是鬆散的，可以輕易攻取的；其實他們的陣地前面有多道防衛圈的護衛，因此固若金湯，難以摧毀。

5.3「自助餐廳」中的就餐者——受者的選擇權

當你拿到一張報紙，你很少是從第一版第一篇開始，一字不漏一篇不少地往下讀的。你會翻來翻去，挑這揀那地選擇著看。當你看電視時，你也不會一個頻道一口氣看到天亮。你會透過手中的遙控器，按來按去，尋找你認爲中意的節目。

這表明，大眾媒介的受眾在接受資訊時，具有很大的自主權。這一現象，引起傳播學家的濃厚興趣。哈佛大學的鮑爾有句名言：不問訊息如何作用受眾，而問受眾如何處理資訊。根據這一思路，傳播學界逐漸形成了「使用與滿足理論」，專門研究受眾如何使用傳播媒介和如何選擇資訊，以滿足自己的需求。

這一理論的產生過程，臺灣學者李金銓描述道：「其實，在一九四〇年代，傳播研究剛剛萌芽之初，便有些學者假定受眾是主動的，故而專門研究受眾如何使用媒介，動機爲何。例如貝雷爾森（Bernard Berelson）趁紐約八家報社工人罷工期間，調查讀者無報可讀的心理，從而推論他們平時看報是爲了什麼……類似的研究都是站在受眾的立場，而不像效果研究只站在傳播者的觀點。可惜，後來演變的結果，『效果』研究一枝獨秀。『使用』研究反而一蹶不振，中斷了數十年。直到鮑爾的這一篇文章問世，才又間接替『媒介的使用』研究接了生。一九七〇年代初以來，在英國、美國、日本、北歐、以色列有一大群學者感於『效果』研究早已陷入僵局，紛紛採用另

一種態度，從相反的一端問受眾如何使用媒介，動機如何，統稱爲『使用與滿足』的研究。」[5]

　　關於「使用與滿足」理論，施蘭姆有個比喻對此給予形象而準確的概括。這個比喻即有名的「自助餐廳」論。施蘭姆說，受眾參與傳播，猶如到自助餐廳就餐，每個人都根據各自的口味及食欲來挑選飯菜，而媒介所傳播的林林總總的訊息，就好比是餐廳裏五花八門的飯菜。在這個自助餐廳裏，主角是挑肥揀瘦、各取所需的受眾，媒介只是爲受眾服務，提供盡可能滿意、盡可能美味可口的飯菜（訊息），至於受眾吃什麼、吃多少以及吃不吃，媒介都無能爲力，就像不能把飯菜硬往人嘴裏塞一樣。總之一句話，訊息不是強加於人的，而是由受眾自行選擇和處理的。他可以添點鹽加點醋，也可以「美酒加咖啡」，亦可以來碗「牛雜麵」聊以充饑。概括起來講，所謂「使用與滿足論」乃是從受眾方面來看傳播活動的，它特別強調受眾的作用實際制約著整個傳播過程，而受眾使用媒介都是以自己的需求出發的，都是爲著滿足自己各方面的願望。

　　一九四四年，赫佐格（Herzog）對一百名聽眾進行了長時間的採訪，而且還對兩千五百名聽眾進行了短期採訪，寫出了《我們對白天連續節目的聽眾究竟有多少瞭解》的論文。該調查證實，許多收聽白天播出的廣播連續劇的婦女，懷有各種各樣的收聽動機。有的是爲了發泄自己的不快，有的是爲了從中獲得處世經驗的指導，有的則是爲了沈湎在節目之中而忘記自己的苦惱。早期的另一項重要研究是一九四九年貝雷爾森（Bernard Berelson）的「沒有報紙對人們意味著什麼」。當時，紐約報界舉行罷工，從而使不少報紙停刊。貝雷爾森透過即時的調查，以發現人們在沒有報紙、看不到報紙的時候，有什麼

不便和不滿足。該調查瞭解到，只有很少人說，他們看不到報紙，從而失去了瞭解遙遠世界的手段。許多人稱，他們只是想看訃告，以瞭解老朋友和熟人是否已經過世 。大多數讀者說，他們期待的並不是某一條或某一類特定的新聞（消息），而是覺得，沒有了報紙感覺像是「離開了世界」，好像「不在」這個世界了。看報本身成爲生活的一部分，就像上餐廳就餐、去超市購物一樣。如果缺了媒介，如果沒有任何資訊來源，人們又會覺得茫然有所失，變得不習慣了 。正如許多常看電視連續劇的人特別是女性一樣，她可以找到自己情感的宣泄方式，她往往把自己的個人體驗注入到劇中去，與劇中人同喜同悲，有的甚至找到了「哭的機會」。她知道別人也會有痛苦，有得意和彷徨的時候，她心裏便有一絲安慰，因爲別人也並非是「世界上最幸福的人」。而一旦離開電視，沒有了它的陪伴，她便焦躁不安、心煩意亂起來，因爲那是她的精神食糧，她一輩子總不能不吃不喝吧。現代社會，人和媒介就是這樣一對「冤家」，形影難離，注定了此生此世有糾纏不清的喜怒哀樂，有說不盡的磕磕絆絆。

　　但不管怎麼說，要使「傳—受」這一矛盾處於一個和諧的統一體之中，其關係就要進行不斷的調整，以適應時刻變化的外部環境。既然受眾是資訊產品的消費者，而資訊產品又像其他的產品一樣，是工業加工過程的產物，就像從菜市場採購回來的葷素原料一樣，它要經過廚師手藝的展示，才能擺上大餐小宴，以待食客品味。然而，即使是佳肴，也不是人人都喜歡的。蘿蔔白菜，各有所愛。人們有自己進食的講究和禁忌，當然要選擇。可以這樣說，選擇性過程就是受眾對媒體擺上盛宴的精神大餐進行品嚐和玩味的過程，然而吃法卻千差萬別。就

說「獅子頭」吧，只不過豬肉丸子而已。大陸拍的電視劇《神醫喜來樂》裏，醫生喜來樂有一大嗜好——只要一聞到自己藥鋪對面飄來的這種豬肉丸子的香味，就會神魂顛倒，口水直流。對喜來樂來說，「獅子頭」除了香嫩可口之外，還帶著別種趣味——他傾慕老闆娘賽西施已久，喜歡「獅子頭」只不過愛屋及烏，因而賦予了非同尋常的意義。再看沈宏非的吃法：「……在選料上因受時風的影響，現今食肆的出品無不集體背棄了『肥瘦三七開』這一黃金分割律，以至於吃起來越來越像揚州的西湖，偏瘦。甚至精瘦像潮州牛肉丸那樣具有了一些彈性。『獅子頭』之所以好吃，首先就在於由那三分肥肉所帶來的『溫軟』，如果說『精瘦』是當今健康飲食的首要原則，那麼『溫軟』就是中國飲食文化傳統對於『富貴』的第一定義。」[6] 吃的有趣性反映在對資訊的消化上，有的人大碗吃飯，大碗喝酒，狼吞虎嚥，三下五除二，在沒有弄清真正的韻味之前解決了就餐問題，有的人挑肥揀瘦，細嚼慢嚥，吃得認真仔細，滿意而歸。

　　看來，「眾口難調」。要使每個「食客」都「吃」得滿意，無論對原料的選擇還是對「廚師」的手藝，都是一種嚴峻的考驗。就算使盡渾身解數，奏效與否也還難說。中國有四大菜系，因各有特色而傳之於世。如果要一個從不吃辣的廣東人六月天裏光著膀子在山城重慶吃火鍋，他也會連連擺手的。大眾傳播下的受眾也是如此。專業、愛好、信仰及教育程度不同，其選擇也有所不同。要想一個老農經常翻閱《科學》雜誌，未免勉強。如果可能的話，他當然樂意買份《農民之友》瞧瞧！老爺爺老奶奶大都對戲曲感興趣，你要他們看搖滾樂隊的表演，他們不頻頻搖頭才怪。一個足球迷津津樂道的是英超、義

甲，他關心的是貝克漢、羅納多；他會對《足球報》、《足球天地》愛不釋手，他會經常調到體育頻道，關注體育消息。因為他可以透過這一消費行為，滿足自己對於足球的熱愛。當然，如果他對足球興味索然的話，這種報紙或雜誌辦得再好，他也不會購買；即便他喜歡足球，如果同類報紙、雜誌或專業頻道辦得太差勁，他同樣不會買也不會看。

據說，英國有九份全國性報紙，在一位聰明人的概括中，這些風格各異的報紙之所以存在，正是因為它們分別滿足了不同讀者的需求 [7]：

> 治理這個國家的人閱讀《泰晤士報》；
>
> 自以為自己正在治理這個國家的人閱讀《鏡報》；
>
> 認為自己應該治理這個國家的人閱讀《衛報》；
>
> 認為這個國家應該由別的國家來治理的人閱讀《晨星報》；
>
> 治理這個國家的那些人的夫人們閱讀《每日郵報》；
>
> 擁有這個國家的人閱讀《金融時報》；
>
> 認為這個國家應該和從前一樣治理的人閱讀《每日快訊》；
>
> 認為這個國家應該維持現狀的人閱讀《每日電訊報》；
>
> 在國家有困難時，對於誰來治理這個國家都不關心的人閱讀《太陽報》。

不同的讀者群擁有「自己的」媒體，相安無事，各得其樂。

近年來，電視業根據「市場細分化」的原則提倡「頻道專

業化」，也正是認識到了這一點。所謂「頻道專業化」、「市場細分化」，就是將電視頻道的受眾對象定位爲某一特定群體，而不是泛泛地去面對不知其愛好特徵的「大眾」。如中國中央電視臺現在就有十三個專業頻道：綜合、新聞、經濟、綜藝、國際、體育、電影、農業、電視劇、科教、戲曲、外語、西部等，基本上走了「頻道專業化」的路子。以它的經濟頻道與體育頻道二〇〇二年三月二十五日全天的節目編排爲例（按播出時間順序）。經濟頻道：商務電視、證券時間(1)、中國市場信息、健康之路、生活、歡樂家庭、中國財經報導(1)、金土地、經濟半小時、夕陽紅、藝術品投資、證券時間(2)、天天飲食、爲您服務、勞動就業、中國財經報導(2)、生活、互聯時代、地球故事、經濟半小時、今日證券、爲您服務、歡樂家庭等；體育頻道：籃球賽實況錄像、體壇快訊、棋牌樂、足球賽實況錄像、NBA賽場、現場直播足球彩報、足球天下、體育天下、體育專題、乒乓球賽實況錄像、滑冰賽實況錄像等。從節目單就可看出，專業化程度很高，特別是其中不少名牌欄目，其專業化水平之高，成了高水準、高收視率的品牌。

　　受眾對資訊選擇的主動性在網路媒體上看得更加清楚。因爲在網上，受眾不僅可以根據自身的需要獲得資訊，享受娛樂，並且互動性也大大增強了。受眾不僅可以上網提供資訊，還可以對意見進行反饋，從而一變而爲傳播者的角色，這正是傳統媒體所辦不到的，也是無法比擬的。因爲這種傳受關係所發生的深刻變化，具有網路傳播特色的新的受眾觀正在形成。

　　受眾的由被動到主動的角色轉換，不僅體現在其可以自主地選擇所接受的資訊，反饋和發送資訊，還體現在就算是在被動地接受資訊的過程中，他們也可以透過對文本的不同解碼方

式來保持自身的獨立性。費斯克（John Fiske）對此曾打了一個
生動的比喻：「居住房東房屋的我們，可以把房屋變成我們的
空間，住房子的是我們，而不是房東。」如前面提到的對雷根
兒子失業的報導的理解也是一樣。人們不會完全按照媒體的意
思對文本進行解讀。

　　總之，受眾到「自助餐廳」中就餐，就是一個使用和滿足
的過程。點幾個菜，來一瓶酒，在輕音樂的伴隨下，悠閒自適
地坐著。吃什麼喝什麼完全由受眾自主選擇。某個餐館環境優
雅，服務熱情周到，飯菜可口，別具特色，就會經常光顧；相
反的，則會棄之不顧。北京清華大學的李彬先生說得好：「使
用與滿足論並沒有什麼深奧的地方。作為受眾，每個人在日常
生活中都會對使用與滿足有切身的體會。一張報紙到手，誰都
會揀自己最感興趣的東西先看，而且一個人有一個人的看法，
正像每個人都有各自的飲食習慣一樣。聽廣播、看電視、電影
以及翻閱圖書雜誌也無不如此。這個節目對味就多聽一會，那
個片子沒意思就換個頻道，就像在自助餐廳裏換道菜一樣。萬
一覺得今天的東西一無可看，或者由於不舒服、沒情緒、工作
忙等原因而顧不上看，那麼受眾完全可以不理媒介，就像餐廳
的飯菜萬一都不可口，那麼人們可以不去那裏用餐，或者下館
子，或者買個漢堡，沖包速食麵什麼的。總之，受眾與媒介乃
是使用與被使用的關係，使用得順手，令人感到滿意，那就繼
續使用；否則就中止使用。這裏誰是傳播的真正主人，受眾心
裏不說也清楚。」[8]

　　「使用與滿足」理論雖然強調了受眾在使用媒介資訊時的選
擇權力，卻過於片面地誇大了其自主性。就以前面的例子來說
吧。一個足球愛好者，他當然可以選擇自己所喜歡的有關足球

消息的報紙、雜誌或廣播電視頻道，然而如果媒介提供給他的
只有一種報紙或一個頻道的話，他就別無選擇了。更何況，媒
介提供的資訊又是非常有限的，他只能在媒介提供的資訊中選
擇，這就像《西遊記》中的孫悟空，騰雲駕霧，天馬行空，卻
總是跳不出如來佛的手心。上過餐廳的人都明白，菜單上的菜
肴總不會東南西北中樣樣俱備，你只能從餐廳提供的菜單中挑
選。你想要的，有時候恰恰那上面沒有。由此可見，受眾的自
主性在傳播過程中依然要受制於媒介機構，過分誇大受眾的自
主性，會讓人們忽略大眾媒介的權力本質。

註 釋

[1] 李彬，《傳播學引論》，頁174，新華出版社，1993年版。

[2] [美]沃爾特·李普曼，《輿論學》，頁72，中國人民大學新聞系，1984年版。

[3] 張建星，〈有沒有尷尬的時候〉，載《新聞戰線》，1993年第3期。

[4] [美]沃爾特·李普曼，《輿論學》，頁75，中國人民大學新聞系，1984年版。

[5] 李彬，《傳播學引論》，頁181～182，新華出版社，1993年版。

[6] 沈宏非，〈獅子頭（上）〉，《南方周末》，2002年9月19日。

[7] [英]詹姆斯·馬丁（James Martin），《信息化社會漫話》，頁63，科學出版社，1982年版。

[8] 李彬，《傳播學引論》，頁182～183，新華出版社，1993年版。

6. 傳播效果

對年輕的孩子們來說，電視成為一個強有力的「揭示秘密的武器」。成年人再也不能用文字來作為一種控制工具了。透過書籍和印刷媒介，成年人可以隱藏許多不容孩子們目睹的殘酷現實，或者至少可以對於他們何時獲得這些知識實施某種控制。特別是在一九六○年以後，電視徹底摧毀了那個系統，並且沖淡了成年人的權威性。約舒華・梅羅維茨（Joshua Meyrowitz）指出，由於電視節目，特別是訪談節目，開始公開討論那些成年人過去企圖躲避孩子們的話題，這種媒介就向孩子們暴露了「所有秘密中最大的秘密：保密的秘密──即成年人陰謀對孩子們應瞭解的知識實行檢查的事實」。約舒華・梅羅維茨的觀點是，目前這一代孩子之所以比他們的前一代，似乎缺少更多的天真童稚，其中一個重要原因是，他們過早地透過電視暴露於如此之多的成人秘密。

──〔美〕羅傑・菲德勒（Rodger Fedler）：
　　《媒介形態變化》

　　撇開這種槍彈論，我們來看看這一系列其他的模式，它們都認爲接收者是能動的，效果是傳送者和接受者都起作用。有限效果論如同槍彈論一樣，主要是關於大眾傳播的效果的，但卻得出一種幾乎是相反的結論。媒介絕非不可抗拒的，而是被認爲只有相對有限的效果，因爲它們是在其他許許多多的格局和影響之中起作用的。使用和滿足論認爲效果最重要的決定性因素之一是接收者的某種特性——一個人是怎樣使用他接收的傳播和從這種使用中來滿足什麼。採用和擴散論像我們剛剛提到的其他兩種發源於社會學的模式一樣，傾向觀察接收者怎樣來對待一個訊息，和接收者在一種社會條件下怎樣對訊息採取行動，它得出的結論是大眾媒介對採用過程的直接效果，遠不如個人影響和勸告。

——[美]偉伯·施蘭姆（Wilbur Schramm）等：《傳播學概論》

6.1 心動與行動——傳播效果的多層性

傳播學對傳播活動的研究，其終端指向傳播所產生的效果。根據拉斯威爾創立的五個 W 模式而形成的傳播學五項專門研究，前四項研究全部歸在於「效果研究」。

傳播效果是指傳者發出的訊息，透過一定的媒介管道到達受眾後，所引起的受者的思想和行為的變化。

傳播效果是一種很籠統的概念。有大的效果，有小的效果；有深層的效果，也有淺層的效果。我們按照它發生的邏輯順序或表現階段，將其分為三個層面：認知層面、態度層面、行為層面。從認知到態度再到行為，由心動到行動，形成了一個效果的累積、深化和擴大的過程。

先看認知層面。隨著社會發展、傳播技術的進步、傳播行為的擴張，人們「媒介化」的生存方式越來越明顯。我們過去說「秀才不出門，能知天下事」，在今天，不出門的秀才之所以能知天下事，主要是透過各種媒體，如上網，收看收聽電視廣播，閱讀報刊雜誌等來獲知社會資訊。從二十世紀初起，報紙、雜誌、書籍、電影等大眾媒體，在一些發達國家已經顯示出效果威力。大量研究表明，人們對於一個事件、一個物體、一個地區、一個國家、一個民族、一種文化的認知，大都是透過媒體達到的。到今天，人們已經完全離不開媒體，正如一位留美學者所描述的：「從日常生活的衣食住行到聞所未聞的奇談怪論；從哪個公司賺錢獲利到哪個公司破產倒閉；從哪個股票該買到哪個股票必拋；從哪個電影得了奧斯卡到哪本書進了

暢銷書排行榜；從什麼食品吃了對身體有益到什麼藥品服了對身體有害；從哪個城市制定了什麼新的規劃到哪個國家選出了什麼新的領導，所有這些資訊我們一般都透過媒體獲得。」[1]

再看態度層面。我們知道，大眾傳媒在所傳播的新聞資訊中，通常總是有著明顯或隱含的價值判斷。大眾傳媒提倡什麼、反對什麼，客觀上起著形成與維護社會規範和價值體系的作用。中國大陸新聞宣傳部門講究新聞報導的輿論導向，遵循「以正確的輿論引導人」的方針，就是透過對輿論的引導來改變或強化受眾的態度，從而形成新的社會規範和價值，或維護既有的規範和價值。

最後看行為層面。大眾傳媒的影響不僅是改變受眾的態度，與此相聯繫的是，它最終直接或間接地影響受眾的行為。特別是媒體旗幟鮮明地對某些行為做出褒貶時，這些行為就成了受眾效仿或離棄的對象。

由認知到態度，由心動到行動，這三個層面的效果往往是難分難解的。以「紅傘事件」為例。一九九五年的一個節日，天津市委、市政府在天津市某公園布置了藝術性的紅傘以點綴節日氣氛。開始是姹紫嫣紅一派喜慶，可是好景不長，一些覺悟不高的遊人利用夜幕偷走了紅傘或損壞了紅傘，致使公園顯得很是狼藉。天津的《今晚報》率先報導了此事，並發起討論。隨後，天津市其他新聞媒體也都參與進來，展開了「紅傘事件」的報導和評論，並且廣泛地發表了市民、學生、領導等各方面的有關意見，造成了強大的輿論聲勢，批評這一不講文明道德的行為。在這種情況下，天津市委、市政府決定重新在公園裏布置紅傘。結果，第二次布置的紅傘完整無缺。一樣的紅傘，兩樣的結果。媒體的專題性傳播活動，不僅影響了人們

的態度，也作用於人們的行為。

由於傳播所產生的效果情況複雜，對它的劃分歸類也較為複雜：從效果產生的時效而言，傳播效果可分為即時效果和延緩效果；從傳播的動機與效果的關係而言，傳播效果可分為期待效果與意外效果；從傳播效果的社會作用而言，可分為正面效果與反面效果。

即時效果是指傳播內容能迅速地影響接受者的心理，改變其態度、傾向，從而做出行動上的選擇。一九九九年五月八日，中國駐南斯拉夫大使館遭以美國為首的北約飛機轟炸，《人民日報》記者呂岩松迅速向國內發回了報導，立即掀起了反對強權政治、反對北約暴行的大規模抗議活動。北京、上海、廣州、成都等城市的學生、市民紛紛走上街頭，舉行了聲勢浩大的遊行示威。傳播的即時效果可見一斑。

傳播的延緩效果是指傳播活動對社會的影響是長期的、深遠的，它具有間接性、隱含性、沈積性等特點。這是一個「隨風潛入夜，潤物細無聲」的過程。它不是靠一時的衝擊力來產生作用，而是長期地去培養人們的思想情操，逐漸改變人們的觀念，最終對社會產生影響。

傳播的延緩效果雖然不是直接可感的，但卻是穩固的。在新聞傳播中，最具延緩效果的當數典型報導了。如果我們的媒體經常報導一些無私奉獻的英雄模範人物，報導這些英雄人物所受到的尊重與讚頌，那麼社會公眾無形之中就會受到他們事蹟的鼓舞，對真善美、假惡醜培養出一種鑒別能力，就會去學習效仿英雄模範人物。我們常說榜樣的力量是無窮的，這個「無窮」，實際上就是一種長久的效力。

傳播的期待效果，反映了動機與效果的吻合。一般來說，

人的行為只要目標訂得合理可行，行為方式科學，其效果是可期待的。當然，並非所有的傳播效果都是可期待的。有些傳播行為也會產生一些意想不到的效果。這就是傳播動機與效果的分離。有學者說：「動機和效果，當然是互相聯繫的，一般來說，好的動機會獲得好的效果，好的效果大都是好動機所致，這是事物的一個方面。事物的另一方面，動機與效果有時也會是分離的，好動機並不一定會得到好效果，好效果也不一定都是好動機，要不怎麼還會有『歪打正著』的現象呢！」[2]

二〇〇〇年十月二十二日，中國大陸南方某報的副刊上發表題為〈成克杰「判斬」之後〉一文，講述了三則「聊齋」式的小故事。第一則說，成克杰被宣布代理自治區主席之夜，出席了一個文藝晚會。雜技團兩位小姐表演「解結」，成克杰應邀上去伸出雙手讓小姐「捆綁」。有人長期以來總覺得不祥：新官上任，就被繩索捆綁，什麼預兆？第二則說，成克杰當了副委員長後，一次回南寧為某企業剪綵，正下傾盆大雨，禮儀小姐代為打傘，正當他動剪之時，天棚頂塑膠布裂開，一桶積雨傾盆而下，把他澆成了落湯雞。有人以為犯忌：連保護傘也救不了命啦。第三則說，成克杰應某女的要求，將單眼皮「動」成了雙眼皮。初次出境，某相師見了詫曰：成克杰屬狗的，一雙狗眼萃盡官威，現在破相成了貓眼，還能久嗎？文章認為這些小故事表示了人民的嘲諷。但是，這樣的內容在讀者中卻產生了意想不到的效果。有權威人士對此提出批評：從報導者的動機來看，這幾則故事本意是對腐敗分子的譏諷，但這種宣揚庸俗迷信、全無科學意義的批評，無助於揭露和鞭撻成克杰的腐化本質。意外效果超出了傳播者的期待。傳播活動過多地出現意外效果，往往是外因與內因的變動引起的，一般來說是不正

常現象，值得引起傳播者的注意。

所謂正面效果與負面效果，按一般的說法，對社會進步產生積極影響的傳播效果即為正面效果，產生消極影響的則稱為負面效果。

出於對社會進步產生積極影響的傳播動機，如果動機與效果一致，自然會產生正面效果；出於對社會進步產生消極影響的傳播動機，即使動機與效果一致，站在這個報導者的立場，他會認為是正面效果，但以社會進步為評判標準，也只能視為負面效果。

大眾傳播效果的產生，是傳播過程中各種因素和條件的總和。這其中，傳播技巧的正確運用與好的傳播效果的產生，有著極大的關聯性。

傳播技巧是指在說服性傳播活動中，為獲得預期的傳播效果而採用的策略方法。這方面涉及到眾多的技巧，擇其要者有：

——正面提示與兩面提示。這兩種方法哪個更為有效？美國耶魯學派的賀夫蘭等人做了幾個方面的分析。

其一，如果受者原來就傾向於接受傳播者的觀點，那麼講正面的內容就比正反兩面都講效果更好。這是由受者認知心理中趨同離異的特點所決定的。所以，在這種情況下，正面之詞對於受者來說正好投其所好，進一步鞏固了受者的預存認知。

其二，如果受者一開始就傾向於反面的意見，那麼把正反兩方面的意見都擺出來，就比只談一面之詞更為見效。因為這樣做，受者會覺得你是站在比較客觀公正的立場上看問題，因而對你的意見就比較重視。

其三，對教育程度較高的受者，應將正反兩方面的意見一

併陳述。假如對他們只講一面之詞，他們會覺得傳播者輕視了他們的理解能力與辨別力。當然，他們所要求的正面內容與反面內容都說，並不意味著不分青紅皂白，混淆眞善美、假惡醜的界限，而是在宣傳正面主張的同時，舉出主要的反面意見，並進行必要的分析、駁論和引導。

其四，對教育程度較低的受者（比如既沒有受過高等教育，也沒有受過中等教育者），最好是只說正面的內容。因爲把正反兩方面的意見都擺出來，會使受者感到混亂，迷惑不解。特別是當反面觀點也表達得十分充分，顯得很有理時，情況就更糟。他們會覺得正面意見固然好，而反面意見也似乎不錯。眞是公說公有理，婆說婆有理。到底誰是誰非，他們可能比接受傳播之前更感到糊塗，不知所措。因此，對他們最好還是只說正面的東西。

其五，如果受者受教育程度低，並且原來就贊同傳播者的立場，則一定要用正面的內容引導。正反兩面的理由只能導致其態度猶豫，無所適從。

——明示結論與寓觀點於材料之中。說服性的文章，要不要在文章中做出明確的結論，一直引起人們的探討興趣。一九五二年，賀夫蘭等人就「明示結論」與「不明示結論」的效果，做了一次簡單的比較實驗。實驗以「美國是否應該實行貨幣貶值政策」爲題。實驗結果是，「明示結論」比「不明示結論」的說服效果要好。

賀夫蘭的這一實驗是否能「放之四海而皆準」？中國人民大學的郭慶光先生認爲，情況遠比這結論複雜。因爲各種論題的複雜程度不同，理解難度不同，不同文化層次的人的理解能力也不同。一般的結論應當是：「(1)在論題和論旨比較複雜的

場合，明示結論比不下結論效果要好；(2)在說服對象的文化水平和理解能力較低的場合，應該明示結論；(3)讓說服對象自己得出結論的方法，用於論題簡單、論旨明確或對象文化水平較高、有能力充分理解論旨的場合較佳，因爲在這種場合，如果再明確提示結論，則會有畫蛇添足之嫌，容易引起對象的煩躁或反感，而對說服效果產生負面影響。」[3]

——訴諸理性與訴諸情感。我們常說以理服人，以情動人，就是說訴諸理性與訴諸情感都有說服的效果。訴諸情感其中包括「恐懼訴求」這種常見的勸服方法。一些傳播學家對兩者做過比較實驗，如一九三六年在德國號召選民支持社會黨的宣傳中，分別以重理和重情做了兩種小冊子，其效果是情勝於理。又如二次世界大戰期間，在美國關於「戰時超額稅」的宣傳中，調查人員也設計了重情與重理的兩種宣傳品，結果也是情勝於理。儘管如此，研究者們對哪種方法更有效仍沒有一致的結論。其原因是，兩種方法的有效性因人、因事、因時而異，有些問題只能靠「訴諸理性」的方法來解決（如科學上的爭論靠感情是說服不了人的），有些問題則「訴諸感情」可能更爲有效（如緊急情況下，鼓動性的言辭比慢節奏的說理要有效）。另外，心理學研究證明，由於每個人的性格、經歷、文化水平不同，其行動受理性和感情支配的程度也有差異，有些人易於接受道理的說服，而另一些人則容易受情緒或氣氛的感染[4]。因此，究竟是訴諸理性還是訴諸情感，要視情況加以分析，沒有絕對的標準。

我們還應看到，同樣的傳播內容與技巧，對不同的受者，會產生不同的效果。一般來說，因受者本身情況而影響傳播效果的因素，通常有以下幾個方面：個人背景、社會背景、個性

特點。

——個人背景。個人背景主要內容有性別與年齡、興趣和愛好、閱歷與經驗、預存立場。

性別不同，年齡不同，接受者對資訊的選擇和注意亦有差異。比方說青少年接近流行音樂，而中老年人則喜好古典的傳統音樂。男性對資訊關注的範圍較廣，且偏重於理性，如國內外的時事、政治、軍事、經濟、體育等；女性對資訊蒐集的範圍較窄，並偏重於情感，偏重於生活知識方面的內容。

興趣與愛好上的差異，也影響著傳播效果。一般來說，接受者對與他興趣愛好相關的資訊，會做出選擇性的關注、選擇性的接受、選擇性的記憶，而與自己興趣愛好相遠的資訊，則可能視而不見、聽而不聞。

閱歷與經歷不同的接受者，處於相同的條件下對資訊有不同的知覺。社會心理學家凱利認為，閱歷和經驗是人們感知事物的濾色鏡，它使人的知覺效果在一個方面得到強化，在另一方面得以削弱。魯迅先生關於《紅樓夢》的一段話，很可以說明這一點：「單是命意，就因讀者的眼光而有種種：經學家看見《易》，道學家看見淫，才子看見纏綿，革命家看見排滿，流言家看見宮闈秘事……」

預存立場又叫固有觀念，指受者接受新的資訊前頭腦中的預存觀點。一般來說，先入為主的資訊總是會干擾新資訊的接收。預存立場是受者在遭遇資訊圍攻時的防衛圈和過濾網。如果資訊內容與受者預存的立場相一致或相接近，那麼就比較容易被接受，反之，他可能充耳不聞，甚至產生懷疑和牴觸情緒。李普曼將此稱為「固定的成見」。他說：「在我們觀察世界之前，已有人告訴我們世界是什麼樣的了。對於大多數事物，

我們是先想像它們，然後經歷它們。如果不是教育使我們眞正懂得它們的話，那麼這些先入之見會深深地支配整個知覺的過程。」[5]

——社會背景。社會背景主要是指個人的群體歸屬和群體規範。傳播對象生活在不同的由一定的經濟基礎和上層建築構成的社會整體中，在接受資訊時，許多看似完全出於個人決定的行爲，實際上很大程度上受到接受者的社會背景的影響。這可以從兩個方面來說明：

首先是資訊與群體利益的關係。某一資訊的傳播，如果與某一群體的利益關聯大，那麼資訊就容易被群體中的成員接受。例如關於給退休人員加工資的資訊，就容易爲這些人所注意，並在內部傳播。反之，如果與這一群體的利益少有關聯，那麼資訊可能遭到冷落。

其次是個人與群體的關係。如果某一個體與某一群體的關係密切，且是其中的中堅分子，那麼他不僅容易採取與群體一致的態度與立場來接受資訊，而且還會積極地以自己的身分、地位，去影響其他成員對資訊的接受。反之，如此人只是處於群體的邊緣，那麼他不僅起不了積極的作用，還會起著相反的消退作用。

——個性特點。每個人都有不同的個性。有的人比較容易接受他人的意見或勸說；有的人則固執己見，我行我素。傳播學研究中將這方面的個性特點稱爲「可說服性」。

研究顯示，不同性格氣質類型的人，對資訊感知的廣度與深度有個別差異。賈尼斯（Janis）的研究表明，下列幾種人在接受說服性意見時，情況是不一樣的：

具有反社會行爲或具有較強攻擊性的人，不易接受他人的

勸說；待人冷淡、遇事迴避的人，不易接受勸說；因循守舊、缺乏想像的人，不易接受他人勸說；自卑怕羞、自我估計低的人，容易被勸服；性格外向的人比性格內向的人容易聽從他人意見。

讀者不妨做做自我測試，對於某一說服性的資訊，你是心動了，還是行動了？抑或無動於衷？

6.2 議程設置與探照燈效應——「議程設置」理論

讀過捷克作家米蘭·昆德拉（Milan Kundera）《不朽》的讀者一定記得其中一個故事：米蘭·昆德拉的老祖母生活在摩拉維亞村莊，她從不接觸新聞媒體的報導，她的一切意識都來源於生活經驗：麵包怎麼烤、房子怎麼造、怎樣殺豬燻肉等等。她每天都見到全村的人，她知道過去十年中鄉村發生過多少件謀殺案。她對現實有一種親身的把握，如果全家人無米下鍋，有人卻想騙她糧食大豐收，那是絕對辦不到的。而她的鄰居的生活情況則不同，他瞭解外界就是透過看電視。當他聽到播音員說，最近的民意測驗顯示他所處的國家是最安全的地方時，他會打開一瓶香檳慶賀，但他不知道，就在這一天，他居住的街上發生了三件盜竊案和兩件謀殺案。米蘭·昆德拉給生活在媒體環境中的人們的生存狀態，命名爲「意象形態」，他認爲意象形態不僅成了大眾的「現實」，而且使得眞正的現實無人去瞭解。

這位先生對周邊世界的瞭解，完全是由媒體提供的資訊決

定。我們常說：「秀才不出門，能知天下事」，但仔細想想，秀才知道的是天下事，還是媒介提供給他的事？人們越來越發現，在今天這種媒介發達的時代，媒介所設置的話題對人們談論的話題有十分巨大的影響。傳播學家將這一情況稱為議程設置。議程設置又稱議題設置（agenda-setting），這一見解是由美國德克薩斯大學新聞與大眾傳播系教授馬克斯韋爾・麥庫姆斯（Maxwell Mccombs）於一九七二年提出來的。這一理論的核心觀點是：大眾傳播媒介在一定階段內，對某個事件和社會問題的突出報導，會引起公眾的普遍關心和重視，進而成為社會輿論討論的中心話題。

這一理論的基本思想來自美國著名的新聞學家、社會評論家李普曼。李普曼在其經典著作《輿論學》中，提出過一個頗有影響的見解，即「新聞媒介影響『我們頭腦中的圖像』」。它揭示了新聞媒介的傳播內容影響受眾對世界的看法。

在其他一些學者的研究中，這方面的見解也有過，如一九五八年朗・諾頓（L. Norton）在一篇文章中就提出：「在某種意義上說，報紙是設置地方性議題的原動力。在決定人們將談論些什麼，多數人想到的事實會是什麼，以及多數人認為解決問題的方法將是什麼這些問題上，它起著很大的作用。」[6]

此後，學者芬克豪（Funkhouser）澤對新聞報導與公眾的議題之間的關係，做過實證性研究，發現公眾對事件重要性程度的排序，與媒介對該事件報導的頻率有著明顯的對應關係。在公眾的排行榜上，排行靠前的事件，同時也就是大眾媒介報導得多的事件（見**表**6-1）。

表6-1　一九六〇年代美國新聞雜誌對各類議題的報導數量，以及這些議題作為這一階段「美國面臨的最重大問題」的排行榜

議題	文章數目	排序	重要性排序
越戰	861	1	1
種族關係（和城市暴亂）	687	2	2
校園騷動	267	3	4
通貨膨脹	234	4	5
電視和大眾傳媒	218	5	12
犯罪	203	6	3
毒品	173	7	9
環境和污染	109	8	6
吸煙	99	9	12
貧窮	71	10	7
性（道德下降）	62	11	8
婦女權利	47	12	12
科學和社會	37	13	12
人口	36	14	12

　　一九七二年，麥庫姆斯等人發表了題為〈大眾傳播的議題設置功能〉。這篇論文是對一九六八年美國總統選舉期間，傳播媒介的選舉報導對選民所產生的影響的專題研究。他們在研究中發現，在選民對當前重要問題的判斷與大眾傳媒著重報導的問題之間，存在著一種高度的對應關係。這一對應關係可借助圖6-1表述：

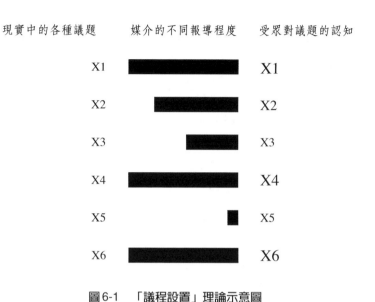

圖6-1　「議程設置」理論示意圖

　　現實中各種議題引人注目的性質區別不太明顯，但是，由於媒介的報導程度不同，受眾對這些議題的認知程度也不同。可見，傳媒的「議程設置」與受眾的「議程認知」之間，有著高度的相關關係。麥庫姆斯發現：在涉及當代最主要的問題和任務中，媒介在達成輿論中有著重要的影響。我們報社的編輯和電臺的編導透過日復一日的選擇，對社會發生的種種議題施加了強大的影響，隨著時間流逝，媒介較爲關注的議題在公眾議程中就占有了相當大的優勢。

　　議程設置理論是從檢驗新聞輿論與社會輿論相關性入手的。在一九六八年美國總統選舉中，麥庫姆斯等人就做了一個這方面的實驗。他們提出了一個假設：在媒介與公眾的議程之間，存在著一種因果聯繫，即經過一段時間，新聞媒介的優先

議題將成爲公眾的優先議題。這一實驗是在美國北卡羅萊那州的茄珀山市的選民中進行的。他們先是以「你認爲現在國家面臨的最重要問題是什麼？」這樣的開放式問題來徵求選民的答案，然後將他們答案中的問題按選擇的優先程度排列，得出了選民最關注的五大重要議題：外交政策、法律與秩序、財政政策、人權和公共福利。同時，他們又將這些選民所接觸的九大新聞媒體，包括電視、報紙和新聞雜誌中，最突出最優先報導的話題做一統計排列。結果是：在公眾的議程和媒介的議程中，議題的排序有很強的相關性，簡直到了人云（媒介關注什麼）亦云（公眾關注什麼）的程度。

對此，議程設置理論的解釋是：人們極少親自參與公共事務，所以，對於公共事務的關注多數方面都依賴新聞媒介所營構的輿論語境。

我們來看一個實例。一九九七年英國曾爆發兩大新聞：英國王妃戴安娜之死和狂牛症流行。第二年伊始，兩頭小豬又在全美掀起軒然大波，並且還跨出歐洲走向世界。如果說戴安娜之死與狂牛症在世界範圍所颳起的旋風，是因爲事件本身所具有的重要性與顯著性，那麼這兩隻小豬的風波，完全要「歸功於」新聞媒體的介入。

一九九八年一月八日上午，在威爾特郡馬爾梅斯伯利屠宰場裏，小卡車運來了三頭乳豬準備宰殺。其中兩頭突然逃脫，奔向叢林後消失了。英國傳媒知道此事後，產生了極大興趣。上百名文字記者、攝影記者尾隨警察對圍捕實況進行報導。其中僅《每日郵報》就派出了十餘名記者跟蹤探訪，「獨立電視臺」還動用了直升機來拍攝捕捉現場。接著，英國各大報均用大量篇幅報導了豬的命運和行蹤，《泰晤士報》還爲此寫了一

篇社論。英國《獨立報》的一位詩人還爲這些豬寫了歌詞刊登在報上，他還準備請人譜曲，爲小豬奔向自由唱上一曲讚歌。此事驚動全球，甚至連美國、法國和德國的傳媒也給予了不同尋常的關注。美國CNN和哥倫比亞廣播公司電視臺都做了專門報導，《芝加哥論壇報》在頭版報導了小豬的消息。此事甚至遠渡重洋，中國中央電視臺也在黃金時段做了簡要報導。小豬抓獲後，英國的幾家報紙都願出高價購買小豬，並爲牠們找到一個舒適的家。最後《每日郵報》用一萬五千英鎊購買每頭原本值五十英鎊的兩頭小豬的生殺權和後續獨家報導權。小豬活下來後，英國《泰晤士報》用了一個專版來寫豬，大談豬的好處，介紹關於豬的著述，以及評論豬與人的相同之處等。

　　媒體的突出報導，把這本來可能只是沒沒無聞的一樁小事，弄得滿城風雨。一時間英倫全島幾乎是逢人爭說小豬。一些動物保護組織都表示要收留這兩頭豬。不少民眾申請加入「熱愛和保護動物協會」；一些過激者不斷打電話到「食素者協會」進行素食諮詢，說他們再也無法繼續食用豬肉了，以致一些肉食商店經營大受損失。倒是另一些商人利用媒體所煽動的「愛豬熱」大發其財：印有小肥豬的T恤衫和小杯銷售看好，以這兩頭小豬形象製成的玩具豬大受歡迎。

　　從這一「小豬事件」中，可以讓我們看出，媒體對某些事實的突出報導對公眾議題所產生的巨大影響。雖然馬克斯韋爾·麥庫姆斯說：「新聞媒介不會有意識地特地設置一個議題。他們像生產副產品一樣，在每天的新聞報導中選擇幾個公眾應該注意的問題」，但是，「媒介的這個功能也不容忽視，它肩負著強大的職業責任。」「從現代新聞學來看，議題設置已明確被認爲是媒介應承擔的社會責任。每個新聞機構都應該仔細考慮一

下，自己在引導社會輿論時直接或間接的作用。」[7]

對媒介的這一引導功能第一次給予闡述的，是伯納德·科恩（Bernard Cohen）。科恩認為，媒介在對人們怎樣想這一點上很難奏效，但在使人們想什麼這點上卻非常有效。也就是說，媒介難以左右人們的思想方式，但卻可以輕而易舉地操縱人們的思想內容。拿二○○一年震驚全球的「九一一」事件來說，當時大家都談論著這一事件，但他們的意見並不一致。大多數美國人認為，國家的安危繫於一端，政府應該力促清剿恐怖分子才是；但少數人也會認為這與小布希總統的強硬作風有關，還是要反思才對。人們對此的評說，並沒有被媒體的觀點所左右。

議程設置很重視媒介對新聞事件的「構造」作用。構造作用的實施主要有兩種方法：選擇法和突出法。選擇法關係到設置什麼樣的議題的問題，突出法關係到怎樣設置的問題，即媒介的議題如何轉化為或滲透進大眾議題。從上述小豬風波一例中，我們可以清楚看到這兩種方法的運用及其構造作用。選擇小豬作為報導對象，肯定不是因為牠具有多大的「人咬狗」式的新聞價值，因為屠宰場每天要接待那麼多豬，其中逃走一兩頭也是正常之事。這件事最多交給警察辦理即可。媒體選中此事，基於他們頗「多情」的理解：投奔自由，尋求避難。《獨立報》上刊登的以讚美小豬奔向自由的決心和勇氣的歌詞，都是這一選擇思想的代表作。正是這一傾向，小豬事件方進入公眾輿論，成為舉國之議題。這場風波除了這兩隻逃走的小豬一夜之間成為大明星外，並沒有改變豬被宰的命運，沒逃跑的第三頭豬仍然是「按正常的程序處理了」。在報導過程中，各路記者的聯繫行動，興師動眾，以及用多種手法，如連續報導、出頭版等，無一不突出了這一事實，衝擊著受眾的感官。正如議

程設置研究者們所揭示的：報紙標題的大小和語言是否刺激，消息的篇幅長短，登載的版面是否重要和醒目；電視報導在新聞播出中的位置，長度和是否形式多樣、生動活潑等，都能產生「突出」的效果，從而讓所報導的內容優先成為公眾議題。

總結議程設置實踐，馬克斯韋爾·麥庫姆斯指出：「有兩條獨特的設置社會議題的途徑：一條是自上而下，以新聞議題為中心；一條是自下而上，以公眾議題為中心。」前者是新聞機構的領導者基於對社會和政府的透徹瞭解，選定議題作為媒體的議程，透過突出處理，以期能引起公眾和政府的關注，並成為他們議題中的優勢議題。當然自下而上就需要媒體透過大量留意調查，發現公眾所關注的議題是什麼。

從上述「小豬逃亡」的事例可見，我們的生活每天要發生的事件不計其數，但只有當媒體的焦點落在哪兒，我們的視線才會跟著落在哪兒。李普曼有一個比喻：新聞媒介如同受眾觀察社會的「探照燈」，探照燈照在哪個事物身上，哪個事物就進入了受眾的視野。有一種頗為流行的觀點，說新聞報導是反映社會現實的一面「鏡子」。李普曼卻不這麼認為，他說新聞是對突出事實的報導。按照他的比喻，新聞媒體既然是探照燈，那它照在哪兒，哪兒就成了突出事實。議程設置理論正是發揮了他的這一見解。

在李普曼看來，探照燈照亮的這片區域，構成了我們生存的「擬態環境」。而議程設置理論認為，媒介說什麼和怎樣說，都會影響到受眾說什麼和怎樣說，是媒介在「製造輿論」和引導輿論。議程設置理論清晰地展示了媒介報導對受眾的影響力。但對這種影響力如果過分誇大，便又回到「魔彈論」的老路上去了。事實上，人們對世界的認識，也並非絕對拘泥於媒

介所提供的「擬態環境」，現實與常識更深層次地左右著他們的判斷。有人說過：「固然，我們今天面對著一個幾乎是由媒體構建出來的『現實世界』，媒體可以控制著我們的思想，引導我們消費。但是，對於媒體能否構建出一個西伯利亞四季如春、撒哈拉沙漠綠草如茵的世界，能否引導我們只吃草不吃飯，我仍很懷疑。」在當今時代，新聞媒體的確是一部操縱著輿論的機器，但這部機器運作的軌跡，是不能脫離真實存在的客觀世界的。

6.3 國王的新衣與沈默的羔羊——「沈默的螺旋」假說

讀過安徒生童話〈國王的新衣〉的人一定還記得，國王被騙子騙了，穿了一件「什麼都沒有」的新衣，但是他手下的大臣一個個都爭相誇獎這件「新衣」是如何如何漂亮。最後被小孩道出國王什麼也沒穿的真相，這場鬧劇才收場。

我們一定會對這些大臣的盲目附和感到可笑可恨，覺得這世道真是奇怪：真理竟掌握在孩子的手中。其實，安徒生這篇童話所諷刺的，恐怕不只是這位國王，我們身邊這類現象比比皆是。詹姆斯·瑟伯（James Thurber）曾有過一段有趣的描寫：

> 突然，一個人跑了起來。也許是他猛然想起了與情人的約會，現在已經過時很久了。不管他想些什麼吧，反正他在大街上跑了起來。向東跑去（可能是去馬拉莫飯店，

那裏是男女情人見面的最佳地點)。另一個人也跑了起來，這可能是個興致勃勃的報童。第三個人，一個有急事的胖胖的紳士，也小跑了起來……十分鐘之內，這條大街上所有的人都跑了起來。嘈雜的聲音逐漸清晰了，可以聽清「大堤」這個詞。「決堤了！」這充滿恐懼的聲音，可能是電車上的一位老婦人喊的，或許是一位交通警察說的，也可能是一個小男孩說的。沒有人知道究竟是誰說的，也沒有人知道真正發生了什麼事情。但是兩千多人都突然潰逃起來。「向東！」人群喊了起來，東邊遠離大河，東邊安全。「向東去！向東去！」

　　一個又高又瘦、目光嚴厲、神色堅定的婦女從我身邊擦過，跑到馬路中央。而我呢？雖然所有的人都在喊叫，我卻不明白發生了什麼事情。我費了好大勁才趕上這個婦女，別看她已經快六十了，可跑起來倒很輕鬆、姿勢優美，看上去還相當健壯。「這是怎麼了？」我氣喘噓噓地問她，她匆匆地瞥了我一眼，然後又向前面望去，並且稍稍加大了步子，對我說：「別問我，問上帝去！」

由於認識水平的局限性，人們往往會受到他人思想和行為的影響，而盲目跟從。魯迅先生在不少文章中對這種現象做過批評。例如在〈由中國女人的腳，推定中國人之非中庸，又由此推定孔夫子有胃病──「學匪」派考古學之一〉一文中，他提到我國古代人時興「利屣」的故事。「利屣」是一種舞鞋，尖尖的鞋頭，雖然看起來很漂亮，穿起來卻不怎麼舒服。因為舞女穿了這種舞鞋，不少女性以為很摩登，就爭相仿效，不管是「倡伎」、「摩登女郎」、「名門淑女」，還是「小家碧玉」，都一

齊「尖」了起來，用我們今天的話來說，簡直就是一窩蜂地盲從。

　　這種現象可以從德國社會學家伊麗莎白·內爾—紐曼（Elisabeth Noelle-Neumann）教授的研究獲得解釋。她於一九七四年提出的「沈默的螺旋」假說認為：大多數個人力圖避免因單獨持有某些態度和信念而造成的孤立。因此，某人為了瞭解哪些觀點是占優勢的或得到支持的，哪些是不占支配地位的或是正在失去優勢的，便對他周圍的環境進行觀察。如果他相信自己的觀點屬於後者，因為害怕孤立，他便不願意把自己的觀點說出來。因此，占支配地位的或日益得到支持的意見就會更得勢。看到這些趨勢並相應地改變自己的觀點的個人越多，那麼這一派就顯得更占優勢，另一派則更是每下愈況。這樣，一方表述而另一方沈默的傾向便開始了一個螺旋過程，這個過程不斷把一種意見確立為主要意見。通俗一點講，那就是迫於環境壓力，對某一媒介優勢意見表示附和的人數越多，也就意味著對劣勢意見的人際支持變少而轉向沈默。這就形成了類似於「蘑菇雲」的結構——一方的膨脹建立在另一方收縮的基礎上。螺旋因此形成（如圖6-2）。

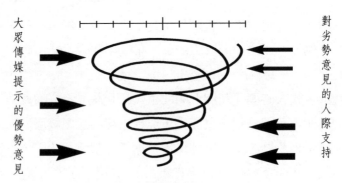

大眾傳媒提示的優勢意見

對劣勢意見的人際支持

轉向沈默或附和的人數

圖6-2　「沈默的螺旋」假說示意圖

紐曼「沈默的螺旋」假說，來自於對一九六五年德國大選帶來的困惑思考。在這次大選中，選民對兩黨的投票傾向數目一直沒有發生變化，表明兩黨的實力旗鼓相當。但在最後階段出現了投票一邊倒的情況。紐曼對此做了深入研究，發現影響公眾意見的表達，主要取決於人們對「意見氣候」的觀察與判斷。也就是說，業已存在的輿論環境對於形成新的輿論，是一種無形而強大的社會控制力量。

顯然，大眾傳播的強大效果，是透過輿論環境來起作用的。這裏的問題在於：輿論環境的感知，主要有兩種管道，一是所處的社會群體，二是大眾傳播。在對更大的範圍和更間接的對象的感知上，大眾傳播的影響力尤其強大。在這一點上，紐曼的見解與「有限效果論」者有明顯的區別。後者更強調所處社會群體在傳播中的作用。紐曼強調大眾傳播的強大效果，是有她的獨特視角的。她在一九七三年發表的一篇論文中說：「大眾傳播一手承攬著向人們提供外部世界資訊的活動，並且透過複數的管道每日每時地、累積地報導幾乎相同的內容，這種作法不可能不對人們的意見乃至輿論產生重大的影響。」她認為，大眾傳播的三個特質是它的累積性、普遍性及共鳴性。三者綜合在一起，便產生了對公眾意見的巨大效果。共鳴是指媒體對一個事件或一個議題的一致反映，它能發展成一致性，而且這種一致性通常是由不同的報紙、雜誌、電視和其他媒介的報導共用的。共鳴的效果是克服受眾的選擇接觸，因為受眾在這種「一致性」的環境下別無他選；而且還造成了這樣的印象，即大部分人看待議題的方式與媒介表現議題的方式是一樣的。

這樣，紐曼透過「沈默的螺旋」假說，重新提出了傳播的

強大效果觀。這一假說包括了三個要點：(1)輿論的形成是大眾傳播、人際傳播，和人們對輿論環境的認知心理三者相互作用的結果；(2)大眾媒介傳播的意見，通常被人們當成「多數」或「優勢」意見所認知；(3)這樣，處於「劣勢」的個人意見會遭到巨大壓力而沈默下去，而另一方面則加劇了「優勢」意見的擴張，最終形成輿論。

「沈默的螺旋」這一假說其依據何在？

紐曼指出：「沈默的螺旋」這一假說最初是建立在四個獨立的假定上，然後用第五個假定處理前四個假定之間的關係：

1. 社會使背離社會的個人產生孤獨感；

2. 個人經常恐懼孤獨；

3. 對孤獨的恐懼感使個人不斷地估計社會接受的觀點是什麼；

4. 估計的結果影響了個人在公開場合的行為，特別是公開表達觀點呢，還是隱藏起自己的觀點；

5. 這個假定與上述四個假定均有聯繫。綜合起來考慮，上述四個假定形成、鞏固和改變了公共觀念。

看來，表明個人意見是一個複雜的社會心理過程。人作為一種社會動物，總是力圖從周圍環境中尋求支持，避免立於孤立狀態，這是人的「社會天性」。為了防止自己因為孤立而索然寡味，被社會拋棄，他就要對周圍的人和環境「察言觀色」，他即使不「曲言奉迎」那屬於「多數」的「優勢」意見，也得要三緘其口，見風使舵以趨利避害，怕成為孤立的少數，而成為眾矢之的。這正如尼采（Friedrich Nietzsche）在《快樂的知識》中所說：在人類極為漫長的生命過程中，沒有什麼比孤獨更可

怕的了。成為一個個體並非一種樂趣，而是一種懲罰。人們是被罰而成為「個體」的。看來，人的天性亙古如此：寧願成為「趨炎附勢」的爬蟲，也不願做孤獨寂寞的「恐龍」！人為什麼對自己不自信而有如此強的依從心理呢？直接原因在於一是擔心遭到來自群體的懲罰，二是想得到正確行事的指導。正如巴克（Barker）在其《社會心理學》一書中寫到：「實驗資料表明，個人能被別人誘惑而不相信由自己感官得來的證據，這是不足為奇的。遵從的壓力確實能迫使個人接受大多數人的判斷，這不僅在模稜兩可的情況下是如此，而且對任何一個正常的人來說，在判斷的錯誤是明顯的、肯定無疑的情況下也是如此。」的確，人是社會的人，誰也不能承受孤獨的壓力。

　　這其中，一個關鍵性的心理學問題是：孤獨是否必定給人帶來恐懼？的確，正如紐曼所云，關鍵字「孤獨的震懾」和「對孤獨的恐懼感」，在各種各樣的社會學、社會心理學、政治學的百科全書中都找不到。但她還是發現，不同領域對孤獨的震懾均有描述，群體動力學給她提供了一種測驗孤獨的震懾的十分簡便的方法。

　　群體動力學是一九三〇年代作為群體心理學一個獨特領域發展起來的，其研究目標之一便是探索是什麼給予群體凝聚力。換一個角度來看，如果單個的群體成員違反了規矩，危害了群體，就會受到來自群體的懲罰。這種懲罰主要是指那種排除異己式的冷落、拒斥、厭棄，就像正常人對瘋子、規矩人對小偷的態度一樣。人們之所以遵從群體的壓力，原因首先就在於與群體一致可以得到群體的接納與讚賞，而一意孤行總難免於被當作怪人而受到群體的排斥。美國社會心理學家阿西（S. S. Asch）曾對這一現象進行過深入的研究。他在一九五五年做

過一項有名的實驗。他請五個人回答一個十分簡單的問題，實驗開始後，阿西給這五個實驗對象出示一條直線X，同時在這條線的旁邊標出另外三條高度不等的直線A、B、C，如下圖所示：

然後阿西叫他們五人判斷哪一條線與X線的高度最接近。其實真正的實驗對象只有一位，其他四個是阿西的助手。阿倫森對這項實驗做過這樣的描繪——

　　這個判斷對你來說是很容易的，顯然B線是正確答案，而且當你要回答時，你肯定會說是B線。但現在並沒有叫你回答，而是先叫了別人。第一個人仔細看了看，回答說：「A線。」他的回答使你驚訝地張開了嘴，懷疑地看著他，並且自言自語地說：「他怎麼會認為是A線呢！他一定要麼是瞎子，要麼是一個瘋子。」現在輪到第二個人了，他也選擇了A線。這時你開始感到自己好像仙境中的愛麗絲。「怎麼可能呢？」你問自己，「難道兩個人都瞎了或瘋了？」但是，當第三個人同樣回答是A線時，你就會重新看看這些直線。「可能我才是唯一腦子糊塗的人吧？」你默默地叨念著。現在輪到第四個人了。他也判斷A線是正確的。這時你會出一身冷汗。最後，輪到你了，你聲明說：「當然是A線，我早就知道了。」

　　這就是從眾現象。所謂從眾，簡而言之，就是隨大流或叫遵循群體的意志，屈從群體的壓力。即因爲群體的眞實或臆想的壓力所引起的個體態度的變化。這是人類社會普遍存在的一種現象。這種從眾現象會造成意見傳播中的一邊倒現象。阿西以後又用不同的形式重複類似的實驗，結果發現三個人所形成的群體壓力便已達到飽和點，也就是說，三個人的多數就足以使人的從眾性達到極點。

　　紐曼認爲，任何「多數意見」、興論乃至流行或時尚的形成，其背後都存在著「沈默的螺旋」機制，社會生活中的「興論一邊倒」或「關鍵時刻的雪崩現象」，正是這一機制起作用的結果。一九六五年的德國議會選舉中，主要競選對手一方是社會民主黨，另一方是基民盟和基社盟的聯合陣線。在整個競選過程中，雙方支持率一直處於不相上下的膠著狀態，但是最後投票之際卻發生了選民的「雪崩現象」——後者以壓倒優勢戰勝了前者。紐曼發現，儘管雙方的支持率一直未變，但對獲勝者的「估計」卻發生了明顯的傾斜，即認爲基督教兩黨陣線將會獲勝的人不斷增加，到投票前日竟然發生了戲劇性的變化。紐曼同時認爲，興論在雙重意義上是「我們社會的皮膚」，它是個人感知社會「意見氣候」的變化，調整自己的環境適應行爲的「皮膚」；不僅如此，它又在維持社會整合方面起著重要作用，就像作爲「容器」的皮膚一樣，防止由於意見過度分裂而引起社會解體。而大眾傳媒則成爲「我們的皮膚」的「按摩器」。它使我們暫時忘卻傷痛的困惑，它給我們緊張的神經以溫熱的輕鬆。許多人因此可以半睡半躺在搖椅中，把瞬間的舒適愜意當作永遠的幸福。紐曼教授實際是在說，一些人因害怕孤獨而放棄堅持自己的意見，轉而附和他人的意見，在某種意義上來

說，起到了維護社會穩定的作用。在這個意義上，「隨大流」又有了「顧大局」的作用。

「沈默的螺旋」假說從大眾傳播對個人態度的影響這一點出發，探討了個人意見在社會輿論形成中的消長情況，讓人們認識到了大眾傳播在輿論形成中的作用，在理論上有其獨特的貢獻。它提示我們，大眾傳播媒介所提供的「意見」，因為具有公開性和傳播的廣泛性，有時候甚至還具有相當的權威性，它就很容易為一般受眾當作「多數」或「優勢」意見來認識，在這樣的「意見環境」中，因為認知所帶來的壓力或安全感，會引起人際接觸中「劣勢意見」沈默，而「優勢意見」大聲疾呼的螺旋式擴展過程，並導致社會生活中輿論即占壓倒優勢的「多數意見」的形成。因為媒體所具有的影響和引導作用所帶來的強大效果，它不但對人們的「社會皮膚」具有「溫柔的按摩」和麻痺作用，也就是說，即便強調的是少數人的意見，在「多元無知」（pluralistic ignorance，即在一個群體中，只要反對意見不以明確、強烈的形式表現出來，一般成員就會產生一種錯覺，以為大家的意見都是一致的）狀態下，人們也會把它當作「多數意見」來認知，從而引起人們態度和行為上的連鎖反應，同時也會對社會生活各方面具有舉足輕重的作用。

在此意義上，「沈默的螺旋」假說特別強調大眾傳播對輿論的強大作用，並指出這種影響來自於大眾傳播營造「意見環境」的巨大能力。它強調社會心理機制在輿論形成過程中的作用，彌補了傳統輿論學研究的不足。

然而，其理論前提是否成立還有待商榷。我們知道，「沈默的螺旋」假說完全建立在人們對孤獨產生的心理恐懼感上，儘管紐曼教授為此做了大量的實驗，但仍然有其局限性，不能

將其絕對化。一九五○年代，美國學者阿西所做的實驗已經證明，人們趨同行為的發生，會受到兩個重要條件的制約：第一個條件是有沒有來自他人尤其是來自所屬群體的支持，只要當場有一個支持者，趨同行為的概率便會大大降低。另一個條件是個人對自己的見解或信念的自信程度。自信心差一點的人，的確會透過尋求與他們的類似點來加強自己的信念，故有附和「優勢」意見的傾向；而自信心強的人，並不容易受到「孤獨」的壓迫。中國社會科學院新聞與傳播研究所的陳力丹先生有過這樣的評價，紐曼所說的情況，會在不少條件下打折扣：「例如當問題涉及較為廣泛的公眾切身利益時，如果媒介強調的東西與之過分相悖；當公眾對某個問題較為瞭解，且處於自由發表意見的文化傳統下，如果媒介的意見與公眾的意見差距過大；當公眾屬於某些組織嚴密的社團、宗族時，如果媒介的意見與該社團宗旨相悖，那麼，公眾即使在無形壓力下公開發表意見，也可能敢於與媒介的意見相左。在這種時刻，各種關於媒介能夠『製造輿論』、『大造輿論』、『造聲勢』等等的信念，將受到挑戰。媒介對於輿論的社會控制機制既是強大的，也是有限的。」[8]

清華大學的劉建明教授還提出了「反沈默螺旋模式」一說。他認為：「在大眾傳媒面前，受眾不是被動的、盲從的非理性動物，而是具有能動性的社會主體，常以反沈默螺旋的方式發表意見。」有意見者之所以沈默，原因之一是這些個人不能互相交流個人的意見，這樣他們就感覺到他們屬於持不同意見的少數者；另一個原因則與社會的開放程度有關；在傳統、保守、封閉的社會，「多數」意見的壓力通常很強大；而在開放型社會以及社會秩序或社會價值的變動時期，「多數」意見

未必能左右人們的行為。

旅美學者潘忠黨還指出：紐曼曾經參加過納粹黨的活動，她的理論雖然是輿論研究中的一個相當重要的理論，卻常有對納粹經驗的總結成分。其中含有驅逐少數人意見的成分，聯繫納粹分子在第二次世界大戰期間的宣傳鼓動和輿論控制，我們可以看出，「沈默的螺旋」假說產生的時代背景和歷史局限性。

一些學者研究發現，新興媒體──網路上的輿論生成過程，與「沈默的螺旋」理論所描述的情況有較大差距。由於網路上發表意見具有匿名性，發表意見者不必擔心暴露自己的真實身分，故大都敢於暢所欲言。已有人注意到：「大眾傳播學著名的『沈默的螺旋』假設，網路時代有望改觀。透過網路，在大眾傳播中處於弱勢地位的資訊，繞過大眾傳播的環節，有可能在網民乃至網外產生一定的影響。」[9] 並且網上發表的意見，相對來說言辭激烈，情緒化色彩濃；特別是不甘於簡單地成為他人意見的附庸，往往以標新立異為樂趣。處於「劣勢」的意見，既不是因為意見者的地位問題，也不是因為少數派，而大都是因為其理屈詞窮。也就是說，紐曼強調了輿論形成中少數服從多數的情況，但在網路上，掌握真理的少數人不會因為是少數而沈默下去，反而會逆轉「螺旋」，影響多數人。鑒於此，「沈默的螺旋」假說還得在實踐中禁受更多的檢驗。

6.4 虛虛實實的知識之「溝」──「知溝」理論

可能我們都會認為，大眾傳媒是知識的重要傳播管道。透

過大眾傳媒傳播知識，可以開發大眾的智力，提高大眾的知識水平。中國近代具有啓蒙意識的資產階級知識分子梁啓超，就曾抱著透過辦報來「開民智」的思想，創辦了《時務報》等報刊，傳播先進思想與文化知識。

大眾傳播這一功能的效果，到一九六〇年代首次被公開質疑。

一九六〇年代末，美國在全國推出一部題爲《芝麻街》的學前兒童啓蒙教育電視系列片。學前啓蒙專案的目的，是利用普及率很高的電視媒介的傳播，以幫助貧困家庭裏的學齡前兒童接受教育，從而縮小當時富、貧家庭中的兒童所受教育的差距。《芝麻街》一片，旨在透過新奇的節目模式，加上資訊和娛樂的內容，吸引眾多兒童觀眾，並促使他們經常收看，以把有關知識資訊傳達到通常資訊閉塞的人們那裏。

這一節目播出後，實際效果如何？一九七〇年，美國傳播學家蒂奇諾（P. J. Tichenor）等人發現，這種嘗試並不盡如策劃者所期望的那樣行之有效，甚至還有一些出人意料或悖人意願的情況發生。他們在大量的實證研究的基礎上，在一篇名爲〈大眾傳播流動和知識差別的增長〉的論文中，提出有名的「知溝」假說（knowledge gap，又譯作「知識溝」理論）。這一假說的核心觀點是[10]：

> 隨著大眾傳媒向社會傳播的資訊日益增多，社會經濟狀況較好的人將比社會經濟狀況較差的人，以更快的速度獲取這類資訊。因此，這兩類人之間的知識溝將呈擴大而非縮小之勢。

這一假說可用圖6-3表示：

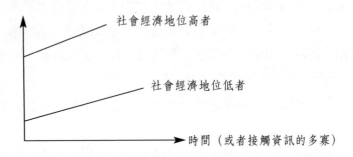

圖6-3　知識溝假說示意圖

　　從上圖我們可以發現，在最初接觸傳播媒介時，社會經濟地位高者與社會經濟地位低者之間，存在著一定的知識差距，隨著時間推移，二者之間的知識差距不是縮小，而是越拉越大，與日俱增。小小的溝隙變成了難以癒合的鴻溝了。

　　「知溝」理論是否爲必然現象？它的深層次的依據何在？

　　對此，蒂奇諾等人緊抓住受者的「社會經濟地位」這一點展開分析，提出了五種理由：

　　第一，社會經濟狀況好的人和社會經濟狀況差的人，在傳播技能上是有區別的。他們的文化程度通常存在差異，而人們基本的資訊處理工作如閱讀、理解、記憶等，均需靠教育打下基礎。

　　中國西部山區的一個故事可以作爲這一理由的佐證。據說，一位西北山區的老人，以前從未接觸過電視，自從政府實行農村「村村通」工程後，這位老人所在的村子能接收到電視信號了。他看了電視後才眞正相信：原來人眞的會飛。他的根據是電視節目中的一則廣告。在這個很短的廣告片中，這位老人從螢光幕上親眼目睹了一位美麗的「仙女」在天空飛翔，她

的身邊是朵朵白雲。一位學者在談及這一故事時感慨：「這一現象讓我們感到震驚的是，傳媒有時並未把沈陷在愚昧中的人們解脫出來，相反的，卻給了他們有力的佐證。」[111] 以蒂奇諾等人的觀點來看，這位老人的社會經濟狀況差，所受到的文化教育也差，故處理資訊的能力也差，把一個虛幻之像當真實之像誤讀了。

第二，在現在的資訊數量或先前獲得的背景知識等方面也存在差異。社會經濟狀況好的人基於其所受的教育，可能對某個問題早有瞭解，或者也可能透過以往的媒介接觸，而對此有更深入的瞭解。

這一情況也可以在生活中找到很多例證。有一段時間，中國大陸的一些電視媒體討論「同性戀」的話題，邀請了中國社會科學院的專家李銀河做嘉賓。不少受過良好教育的受眾，透過媒體的討論，加深了對這一問題的認識，從中獲益匪淺。而一些知識水平較低的人，儘管也看過電視，對這一現象依然是不可思議，甚至認為專家們的討論是在誨淫誨盜。

第三，社會經濟狀況好的人可能有更多的相關社會聯繫。也就是說，這類人可能與同樣瞭解公共事務和科技新聞的人們有交往，並且可能與他們就此類問題展開討論。

的確，受者所受教育的多少，其知識面的寬窄，對新資訊的接受理解能力是不一樣的。特別是對科技新聞及一些公共事務的敏感度、興奮度的差別就更大。二十一世紀開始，一些媒體頻頻涉及「奈米」這一科技概念。其實說來簡單，「奈米」是一個長度單位。我們日常生活中一般使用米、釐米這些概念，至多也就是接觸到「微米」（0.0000001米），而「奈米」更短，為0.0000000001米。「奈米材料」則是以奈米為單位的材

料。有一則報導說，有一個地方幹部，不學無術卻要附庸風雅。在一次大會上說，「水稻之父」袁隆平搞了雜交水稻，享譽世界；現在科學又發展了，我們不能停留在袁隆平的水平上，我們以後就不再種雜交水稻了，要搞點「奈米」吃吃了。可見，關於「奈米」這類資訊雖然鋪天蓋地，對於一個無知者來說，依然是一個無用資訊，只是讓他增加了一個出洋相的機會罷了。

第四，選擇性接觸、接受和記憶的機制也可能在發揮作用。社會經濟狀況較差的人，可能找不到與他們的價值觀和態度相協調的涉及公共事務或科技新聞的資訊，於是他們就可能對此類資訊興味索然。

這樣的情況就更為普遍了，對於一個溫飽尚存問題的受眾，媒體上的減肥廣告大抵對他是毫無吸引力的，樓房別墅資訊、新款小車資訊等等，也難以進入他們的視野。有一篇文章說到經濟水平有差異的城鄉居民的觀念時說，鄉下人現在看不懂城裏人：我們現在能吃上大魚大肉了，你們卻不吃這些而要吃野菜草根了；我們現在能穿戴整齊、暖暖和和了，你們卻要露出肚臍，好端端一條牛仔褲磨得發舊露出幾個破洞來……這種差別反映了價值觀的不同；而價值觀不同，在對資訊的接觸、接受和記憶就不一樣。一家人每天都在看電視，一些歌星的名字、他們的興趣愛好等個人資料，可能被家中的「追星一族」小孩記住了，而爸爸媽媽可能熟視無睹，有時甚至避而不看。

第五，大眾媒介系統自身的本性，就是為較高社會階層的人而用的。印刷媒介上的許多公共事務和科技新聞以及印刷媒介本身，就是以較高社會階層的人的興趣和口味為取向，一切

均以他們的馬首是瞻。

　　大眾媒介傳播的內容，之所以是以較高社會階層的人的興趣口味爲取向，主要是因爲傳者本身可能就是這些人中的代表；其次，社會地位較高的人，特別是經濟地位較高的人，他們的興趣愛好，的確極易左右傳媒的內容。過去說「楚王好細腰，宮中多餓死」；其實不一定要帝王，西方記者寫的人物報導〈難忘的英格麗·褒曼〉就說：「她不施脂粉出現在銀幕上，美國化妝品馬上滯銷。她在影片中演修女，進入修道院的女子頓時增加。」

　　蒂奇諾的「知溝」假說引起了人們的進一步研究。他們對導致這一現象的原因做了多方探索。羅傑斯（E. E. Rogers）在一九七六年指出，資訊不僅導致知識溝的擴大，而且還導致在行爲和態度上產生溝壑。因此，他提出將這一術語改爲「傳播效果溝」。同時他認爲，知識溝不單是大眾媒介一家的力量所致，也應包括人際傳播、組織傳播和大眾傳播的結合，它們也都發揮著自己的作用。另外，知識溝並不僅僅出現在兩種接受群體之中，社會經濟地位及其相關變數不是造成知識溝的唯一因素。還有的學者認爲，也許用「資訊溝」（information gap）比用「知識溝」更爲恰當。

　　另外兩位學者蓋那瓦（Genova）和格林伯格（B. B. Greenberg）進一步指出，導致知識溝最主要的因素，還不是社會經濟狀況及教育，而是受眾興趣（audience interest）。他們集中研究了受眾的兩種興趣——個人利益和社會利益，前者關心的是於己有用的新聞資訊，後者關心的是對個人的人際環境或人際關係網絡有用的新聞資訊。

　　另一些學者的研究，則加入了對社會系統因素的考察。

如：事件的本質，事件與系統的衝突程度，社區的結構及多元程度，媒介報導頻率及重複程度等等。

研究發現，在規模較小、同質性較高的社區中，資訊流通量較平均，知溝較小；反之，則知溝較大。比方說一個電視教學片，在一個六年級的班上播放，全班學生所得可能會基本相同；不會因爲這個節目的播放而在班上同學間造成「知識溝」；但如果是在六年級與三年級以下的低年級中同時播放，低年級學生可能因接受理解起來困難而一無所獲，這樣，六年級同學的知識增加了，二者之間的「溝」就大了一些。

就媒介性質而言，印刷媒介比電子媒介更容易造成知溝。梅羅維茨認爲，電視是一個社會活動場所，它對公衆的巨大影響遠遠不同於印刷媒體。他認爲，印刷品（圖書和報紙）產生和鞏固了擴大社會群體之間差異的社會等級制。原因在於學會閱讀印刷資訊所需要的技能水準，人口各個階層所能達到的技能水準存在程度差異。相比之下，電視更容易爲所有社會群體接受，無論這些人的年齡和受教育的程度如何。部分原因在於，電視節目中不存在難度的符碼序列；無需辨認必須首先學會的複雜符號。無論自身社會地位如何，所有的公衆都能夠接受媒體的資訊，所以說媒體創造了一個單一受衆。它將不同的公衆混合爲一種單一受衆。相比之下，印刷媒體創造了許多不同的社會群體，這些社會群體因解讀專門化詞語編碼的能力不同而彼此有別。因此，按照梅羅維茨的看法，電視不可能輕易受社會精英人士利用，在他們內部交流或傳播他們的思想。甚至在不存在與每一個人都相關的社會事件的情況下，電視往往將所有的社會群體都囊括在很相似的資訊世界中。與此同時，由於電視使用的是視覺形象，它以一種與社會互動非常相似的

方式呈現資訊。這就意味著資訊不大可能被操縱和扭曲，尤其是如果播放是現場直播和僅僅經過最低限度的編輯整理的話，就更是如此 [12]。

　　在現代傳播媒介，特別是電視的強力作用下，人們對於社會的關注點高度同一化了。在各個機關的辦公室或是不同朋友的聯歡會中，男人們都在討論著同樣的國際新聞，評價著同樣的體育賽事，婦女們則針對同一熱門電視劇和正在大做廣告的某種化妝品聊得開心。每一個時期在每一個社會，都會有大大小小不同的公共焦點，供公眾釋放他們的注意力：世界婦女大會、中東戰爭、英超聯賽、反腐敗風潮、SARS病毒……

　　就受眾而言，不同社會階層的受眾因其教育程度、社會地位的不同，以及是否屬於某特殊社會團體，是否經常使用印刷媒介，對議題的關切程度，對背景瞭解程度等的差異，都會導致傳播效果的差異。另一位學者韋爾（Robert Ware）從受者對資訊需求的層次來理解這一問題。他仿效馬斯洛（Abraham Maslow）關於人的需要的五層次劃分，提出了資訊需求等級結構（見圖6-4）：

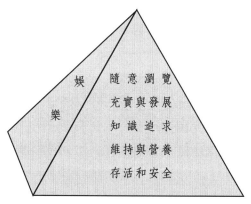

圖6-4　資訊尋求行為的等級圖

生理需求——安全需求——愛與歸屬需求——自尊心需求——自我實現的需求。他認爲，一個人在等級中的位置決定著他的資訊尋求行爲，而且只有在一個層次的資訊需求得到滿足之後，人們才會致力於獲取更高層次的資訊，當指向人們的某類資訊在某些個人自己的需求等級位置看來無關緊要時，知識溝就出現了。

還有的人認爲，「傳播潛力」（即那些能使個人發送和接收資訊，並爲他促進傳播的過程的特性和資源）也會促使溝壑的產生。傳播潛力的規模和形態取決於三種主要類型的特性或資源：

——個人的我。人具有兩方面的一定的基本能力，一是靠天生的才能，像聽和說的天賦本能；二是後天的能力，像說不同的語言及打字。除此之外，他還具有在傳播知識態度及個性特徵方面的潛力。

——個人社會地位的特性。這種地位爲諸如收入、教育年齡和性別等變數所規定。

——個人所處的社會結構的特性。一個重要的因素是個人的基本群體（如家庭、工作團體）和他的次要群體（如俱樂部、協會、學校、組織）在傳播時所起的作用。在這一方面，社會作爲一種傳播系統也是相關的因素。因此，不同群體的傳播潛力之間存在有規則的差別，將導致各個群體的目標和價值觀實現的有規則的差別。因而存在著不只一條資訊溝，而是有許多的資訊溝，並且看上去都不盡相同。如果我們以一個特定社會的各種資訊溝作爲出發點，我們也將發現，各種不同的溝壑會以不同的方式橫亙在人們中間。在一個特定社會，新的資訊溝隨著各種主題在地方性和關聯性上的增減而不斷地出現。對每

個溝壑有利或不利的條件各不相同，取決於主題的內容和複雜性。而傳播潛力也成爲一個決定性因素。這特別與那些對之充分瞭解便能「獲益」的主題有關。如果我們從社會學的角度來看待資訊溝，重要的便不是資訊本身，而是人們能夠吸收（或傳遞）什麼樣的資訊。

此外，還有不少因素與「知溝」相關。如資訊透過人際傳播，而非大眾傳播時，知溝較小；引進新媒介時，使用的差距和知溝的差距卻會加大。就媒介內容而言，議題涉及整個社會，與社會關係密切相關，與個人有密切相關時，資訊的擴散較均衡，知溝較小。就表現方式而言，資訊以圖像方式呈現時，知溝較小。

「知溝」理論提出後，也有不少學者提出了批評意見。其中最典型的當數艾蒂瑪（J. S. Adima）和克萊因（F. G. Claine）於一九七七年提出的「上限效果」（ceiling effect）假說。這是與「知溝」假說相反的觀點。其核心觀點是：個人對特定知識的追求並不是無止境的。達到某一「上限」（飽和點）後，知識量的增加就會減速乃至停止下來。社會經濟地位高者獲得知識的速度快，其「上限」的到來也就早；而那些經濟地位低者，雖然知識增加速度慢，但隨著時間推移，隨著經濟地位高者在獲得知識上的減速和停滯，他們就有可能趕上來。這一描述眞有點像中國寓言中龜兔賽跑的故事。這個假說意味著，大眾傳播活動並非擴大「知識溝」，而是縮小了它。他們的理由是：(1)資訊源具有「上限」特點。也就是說，大眾傳播的資訊要照顧到大眾的接受水平，不可能有「上限」很高的知識。(2)受眾本身具有「上限」性質。即跑在前面的知識獲得者，當感覺到自己的知識已經充足時，就會放緩對知識的追求速度。(3)個人已有知

識高於大眾傳播內容的水平程度，也就不會再去尋求知識。

　　透過大眾傳媒傳播知識，究竟是擴大還是縮小了知識溝？不同的視角得出了截然不同的結論。這本身就說明問題的複雜性。資訊有時會擴大知識溝，而有時則可縮小知識溝。這中間有多種因素在起作用。賽佛林等人認為：「多項研究都已證實，在這一過程中，最為關鍵的一點就是興趣動機。假如有足夠的興趣，而且資訊能在群體中均衡分配的話，那麼它就有助於縮小知識溝。其次，因傳播而出現的知識溝不純粹是知識的差距。這種差距也可能涉及態度和行為。如羅傑斯就提出，將這種現象重新定義為傳播效果溝，而不是知識溝。最後，這種差距並不局限於社會經濟狀況較好的人和社會經濟狀況較有限的人之間（社會經濟狀況好壞的區分標準，通常是根據受教育的程度）。在對政治興趣盎然的人與興趣索然的人之間，年長者與年幼者之間，同樣也有著顯著差距。」[13]

　　就大眾傳播的內容來說，的確也存在著「上限」（層級不高）的情況。這點從一些文化精英分子對大眾傳媒的批判中，可以得到強烈的感受：「電視在內容上遵守『劣幣驅逐良幣』的來欣定律，為了吸引觀眾而日趨下流，在效果上遵守『供給決定消費』的薩伊定律，引導社會腐敗頹廢。」[14]「假如說，造成傳統的美和藝術的死亡的直接原因是消費資本主義的出現，那麼，間接的原因就是大眾傳播媒介的出現。這意味著，在人類美學歷程中，一種美和藝術的死亡，往往間接決定於意識形態的改變。但在當代，情況發生了根本的變化，操縱這場美學革命的槓桿第一次不是來自意識形態，而是來自大眾傳播媒介。」[15]按艾蒂瑪等人的「上限效果論」，這種情況會填平社會經濟地位高者與低者之間的溝壑。但實際並非如此，那些知識水平高的

人，對大眾傳播中的通俗化內容可能會不屑一顧，而將時間仍舊花在「精、高、尖」知識的追求上，而那些知識水平低的人，則有可能沈湎於大眾傳播所提供的通俗的、淺層的知識之中，樂不思蜀。這樣，高與低的溝壑是填平了，還是加深了？這個問題恐怕還得深入研究。

最後，我們還應看到新的傳播技術這一因素造成的影響。由新的傳播技術誕生的高科技傳播媒介，當下最典型的如電腦，其普及程度明顯地受制於使用者的社會經濟地位。越是社會經濟地位高的人，越是擁有這種先進的媒介。按麥克魯漢「媒介即訊息」的觀點，這部分人在資訊獲取上就比那些買不起電腦的人要處於優勢。這種情況說明：造成「知識溝」拉大的原因，社會經濟地位這一因素還是很主導的。沃納·賽佛林等人將興趣與愛好列為首選因素，恐怕也是值得商榷的。

6.5 沙發馬鈴薯與甕中人──「培養」理論

「沙發馬鈴薯」是對現代人依賴電視媒介生存方式的形象描繪。你懶洋洋地倚靠在柔軟的沙發裏，圓乎乎的像個馬鈴薯，眼睛一動不動地盯著電視上閃動的畫面。你也許對此很是愜意，但你是否意識到，你成了電視的「俘虜」？電視裏傳播的思想、觀念；人物的一招一式、一言一行，都在潛移默化地影響著你。

美國是一個電視媒介高度發達的國家。一位中國學者訪美歸來，寫下了這樣一段文字：

　　大半個世紀前，美國大法官霍姆斯（Oliver W. Holmes）有一句名言，美國人可以省掉別的一切，只要有麵包和報紙就可以生活。但是現在這句流傳甚廣的名言可能要發生一點小小的變化：美國人可以省掉別的一切，只要有麵包和電視就可以生活。

　　儘管有人認為電視非常「不文化」，讓一個人缺乏文化品味，更直截了當的説法是「垃圾文化」。有如麥當勞普遍被視為「垃圾食品」一般（在美國許多地方，麥當勞是被排斥在大學校園區之外的，比如我在哈佛大學和麻省理工大學所在的坎布里奇區，便找不到一家麥當勞）。熱愛電視的人被譏諷為「沙發馬鈴薯」。但是即使如此，在美國，仍然有最大多數的受眾群體像熱愛「垃圾食品」麥當勞一樣，熱愛著做一個「沙發馬鈴薯」。翻譯吳正康，這位在美國生活了十六年，並且在美國讀完文學博士學位的「知識分子」，每到一地，進入賓館的第一件事情便是打開電視。而我在同樣的環境中似乎也染上同樣的毛病，在房間裏，只要沒有睡著，基本上電視是開著的。事實上，在美國期間，我所獲取資訊的主要方式也是透過電視；儘管報紙到手非常容易，幾乎每天送到我房間門口的報紙，就有大名鼎鼎的《紐約時報》和《今日美國》，但實際上無非用它們來核實從電視上早已獲知的新聞而已。

　　在美國，你可以以「格調不高」為由而鄙視電視，但實際上你仍然離不開電視。

　　在美國社會裏，不僅電視是如此地影響到美國的民眾，而且電視還改變了權力結構，甚至直接進入了權力結構本身。

　　這裏所描述的情況對於一個現代人來說毫不陌生。現代傳媒特別是電視，的確成了人們生活中重要的組成部分，人們對電視的影響力便越加關注。

　　一九六〇年代，美國社會的暴力和犯罪問題十分嚴重，有人提出這與電視中過多的暴力犯罪畫面有關。賓夕法尼亞州大學安南堡傳播學院的學者格伯納（G. Gerbner）和他的同事便以此爲背景，展開了大規模的對電視效果的研究。

　　格伯納在一九六七至一九七八年，對美國三大電視網在黃金時間播出的一千五百四十八部電視劇進行過分析，其中有暴力內容的達80％，每部電視劇中出現的暴力場面平均爲五點二次，與暴力場面有關的人物占出場人物的64％；而現實生活中一個美國人在一周內遭遇或捲入暴力事件的概率只在1％以下。另一分析是美國電視劇出場人物中男女比例爲三比一，與現實中的差距甚大；在社會總人口中僅占1％的律師、法官和警察，在電視劇中所占比例竟高達20％。顯然，電視劇爲社會大眾提供的「象徵性現實」，與客觀生活實際之間，存在著很大的差別。但習慣於媒介化生存的人們，很容易把「電視眞實」當作「生活眞實」來看待。

　　格伯納在研究的基礎上提出了「培養」理論（cultivation theory，又譯「涵化」理論、「文化規範」理論等）。

　　「培養」理論最初從兩個方面入手來研究：一是分析電視畫面上的凶手和暴力內容與社會犯罪之間的關係；二是考察這些內容對人們的世界觀、價值觀的影響。對於第一點，格伯納等人研究發現，有些事例表明，電視暴力內容對青少年犯罪具有誘發作用，但從整體上看，二者之間沒有多大的必然聯繫。第二個方面的研究表明：電視節目中充斥的暴力內容，影響了人

們對現實社會危險程度的判斷，大多數的調查對象都誇大了對社會的不安全感。這就得出了「培養」理論的一個中心觀點：「預言看電視多的人（比看電視少的人），更會體現出電視內容所反映的觀念和信仰。」[16]

　　一般觀眾平均每天看電視四小時，不少人要超出這個平均數。格伯納及其同事認為，對大量看電視的觀眾來說，電視實際上主宰和包容了其他資訊、觀念和意識的來源。這些相同消息作用於所有的接觸者，培養了他們共同的世界觀、共同的角色觀和共同的價值觀。

　　格伯納的調查實驗中曾問到一個問題：「在任何一周之內，你被捲入某種形式的暴力機會有多少？」現實情況是1％，或者更少，而電視裏呈現的情況是10％。因此大量看電視的人也更可能比少量看電視的人回答的百分比更高。系列實驗表明，「大量看電視者從電視得到了大大誇張的危險感和不安全感。電視可能正在引導大量看電視者感到一個『罪惡世界』。」[17]

　　格伯納的研究顯然沒有給電視帶來好的名聲。他的著眼點在對大眾傳播的負面效果研究上：難道都是電視惹的禍嗎？

　　在現代大眾傳播媒介中，電視的優勢的確是無與倫比的。據統計，美國人的資訊來源中，53％靠電視，30％來自廣播，10％靠報紙，5％從雜誌中獲得，其他方式只占2％。正因為這樣，「培養」理論特別強調電視媒介在形成「共識」中的作用，雖然其他媒介在「培養」人們世界觀上的作用也不可小視。但電視觀眾是最多的，而且它視聽功能兼備，衝擊力強。

　　電視媒介因其優良的技術性能讓人沈湎其中。它把遙遠的地方所發生的故事拉近到人們的眼前，並為我們提供各種節目：科教文衛、娛樂休閒、愛情偶像、廣告天地；從電視中學

習新鮮事物，獲取各種資訊；透過電視購物以及愉悅身心，有時候還可親自「上電視」一展風采。在現代生活中，缺了電視還眞是不行。中國有位學者如此評價電視衝擊波所造成的影響：「人類文化發展到今天，不僅原有的文化形態找到了自己在電視傳播中的落腳點，而且借助電視的表現方式，擴大了各自的領地和影響。至少，電視在文學、藝術、音樂、舞蹈、電影等文化形態方面的普及和傳播中功不可沒。從文化發展的意義上說，電視傳播是文化傳播的革命性變革，電視文化對人們的影響，已經遠遠超過了當今其他任何文化形態，電視成爲改造社會的一種全新的文化力量。」[18]

電視越來越成爲現代人生活中必不可少的「伴侶」，吸引著人們「深情的目光」。在電視剛剛出現的時候，美國急於購買電視機的人的心情，竟然迫切到了還沒有買到電視機，就先把天線買好掛在屋頂的地步。所以有人說，美國的電視在宗教上的影響力超過牧師，在政治上的影響力超過總統，在學校裏的影響力超過老師，在家庭中的影響力超過父母。一九六○年代初，臺灣開始辦電視事業，人們幾乎是一下子就狂熱地愛上了這個繪聲繪色的魔匣。當時有一個很受歡迎的相聲《我和電視》，生動地反映了那個狂熱時期的情形：

一位首先買了電視的青年無法抵擋他的朋友們對於這個新鮮玩藝的好奇心，在某日晚上不得不接待八個來看電視的朋友和朋友的朋友。而朋友們在整整幾個小時裏，就一直死死盯著那個「小框框」，連吃東西、上廁所都忘記了。整整一個晚上賓主之間只說了三句話：

主人：外面有賣茶葉蛋的。

（兩個小時後）

客甲：哪兒有賣茶葉蛋的？

（許久之後）

客乙：（頭也不回）廁所在哪兒？

看，這一小小的魔匣從其幼稚時期起，就已經顯示了它的無限魔力！

一九五○年代末，美國有一個《末日飛行》的電視節目，描繪一個以敲詐勒索爲生的瘋子在一架飛機上放了一枚炸彈，要求付給他一大筆錢，否則，他便炸掉飛機。這個節目播放以後，世界各地發生了十六起炸彈勒索錢財的事件。

曾有一位讀者寫了〈惱人的電視〉一文，說她四歲的女兒是在電視陪伴下長大的。有一天，小姑娘極認眞地對她說，要跟一個小男孩搞對象。當媽媽的急了：「別瞎說，小孩子家懂什麼！」小姑娘竟奶聲奶氣地哭了：「我們是自由戀愛的呀！」——這不就是電視裏的臺詞嗎？哎呀呀！你看看，好厲害呀！電視把一個四歲的小女童「培養」成了一個「自由戀愛」的實踐者了！這還不激起人們對她的批評嗎？

格伯納等人指出，大眾媒介的描繪，在受眾心目中形成了一個與現實社會存有很大差距的「主觀現實」。這種「主觀現實」的形成不是短期的，而是一個長期的、潛移默化的「培養」過程。這個「主觀現實」一旦形成，就制約著人們的現實觀。

這一見解顯然與柏拉圖的「洞中影子」說、李普曼的「擬態環境」說，有著理論上的淵源關係。柏拉圖在《理想國》裏，描繪一批囚禁於洞穴中的囚徒的生存景象：許多人住在一個洞穴中，光線射進洞口照遍全穴；他們從小就囚禁在這裏，

腿和頸部都被鏈條鎖著，不能動彈，只能朝前看，阻止他們環顧四周。在他們後上方的遠處，有一股火光在閃爍，火焰與囚徒之間有一條隆起的通道；你將看到，順著這條通道築著一道低牆；它像螢幕，前面站著一些提線木偶的演員，他們正在牆上表演木偶戲。他們看見了真實的物體嗎？沒有，他們看見的是只投射在牆上的他們背後的東西的影子而已。影子在晃動，他們看不見自己的背後那些實物和人，他們只能憑著影子來加以猜測和感受。

李普曼的「擬態環境」告訴我們：雖然我們的身外世界變得越來越紛繁複雜，我們已很難直接去感知和理解，諸如核威脅、石油危機、環境問題、恐怖活動等許多人們必須面對的問題，因為人自身認知和活動範圍的局限性，難以使人們直接接觸和親身感受，對絕大多數人而言，身外世界實際上成了「不可觸、不可見、不可思議的世界」。我們只能透過大眾傳播媒介去間接地瞭解和體會。然而媒介營造的外部環境又難言真實，它亦真亦幻地橫亙在我們與客觀世界之間，成了一道別樣的風景──擬態環境。它把龐雜無序的外部環境加以簡化，灌輸給我們，成為我們直接感知的腦海圖景。

《大眾傳播學諸論》的作者談論這一問題時，還舉了一個很有名的事件為例。這個事件是一九五二年在芝加哥舉行的麥克阿瑟日遊行。麥克阿瑟從韓國戰場回國時，芝加哥群眾遊行向他致意。一對叫克爾特·朗和格萊·朗的夫婦詳細地將電視對這件事的描述和事件真相做了比較：

> 有幾千人親眼目睹了遊行，還有數以千計的人待在家中，從電視上觀看了遊行。可是，在這一相同事件上出現

了兩種不同的情景，一種是在芝加哥街頭發生的遊行，另一種是觀眾在電視螢幕上看到的遊行。朗夫婦派了一批觀察者親自目睹遊行，並準備對他們所看到的真實情況做詳細敘述。另一批觀察者從電視上觀看遊行，也做敘述。就像洞穴中那些只看到影子的人們和那個看到真相的人一樣，這兩組人看到了兩種不同的情景。電視觀眾的印象是有大批熱情的群眾不斷簇擁麥克阿瑟將軍和歡呼，場面激動人心。相形之下，那些目睹遊行的人覺得很平淡無奇。他們和另一些人等在街頭，沒有看到大批人群。將軍乘坐的車疾駛而過，他不過招招手而已！朗夫婦得出結論：電視透過選擇場面和精心利用攝影機的角度，來最大限度地激動觀眾，從而展現了一種「獨特的景象」。

人們既然如此迷戀電視等大眾傳媒，電視等大眾傳媒的傳播既然能如此大地影響人們的生活，人們對它出現的負面影響的批判，自然是情理之中的事了。正所謂愛得深，恨得也深。

自電視誕生以來，人們對電視所帶來的負面影響的批評之聲，一天也沒有停歇過。一九六〇年代以後的「培養」理論，把範圍拓寬到家庭、職業、宗教等各個方面，總是不無遺憾地告訴大家，受眾的鑒賞力在不斷下降。一方面受眾離不開電視，需要「新奇有趣的故事」，希望在不斷豐富自己的知識的同時，提高自己的修養和鑒賞水平；然而大部分觀眾缺乏全面的美學和歷史等文化知識，電視製作爲了迎合普遍大眾的趣味，也會降低其節目的文化含量，取而代之的是「戲說」、「搞笑」、「無厘頭」節目的盛行。因之，一般受眾根本不去辨別內容的眞實性，不去思考其合理的成分，只追求感官刺激和輕鬆

愜意的效果，大多數成爲沒稜沒角的「沙發馬鈴薯」，把沙發當溫床，機械地按著遙控器。從「你好」開始直到深夜螢光幕一片空白，在「晚安」中還會給你留下放鬆的輕音樂，讓你懷抱「電視夢」，讓你的囈語裏也不斷出現剪輯和拼貼的「馬賽克話語」。你會覺得生活眞是五彩斑斕，美不勝收。大家似乎都樂意成爲電視製作這一玻璃甕中的「甕中人」而「坐甕觀天」，把幻覺當現實，把假想的愉悅當作眞切的體驗，把捉摸不定的影子當作眞的人和事，跟著影子一同跳舞。殊不知自己已經「坐甕自縛」，把自身緊緊地包裹在電視之繭中，任憑外面春夏秋冬、風吹雨打，而跟著電視生活，隨著電視思考和行動。

　　批評者還發現，無論是國內媒體還是國外媒體，黃色新聞、暴力新聞屢見不鮮，要麼強姦、賣淫、嫖娼、淫亂；要麼是凶殺、搶劫。據統計，一般電視劇平均每集有接吻、上床、性騷擾、語言挑逗等色情鏡頭五點四個。聲色之娛成爲噱頭和焦點，性和暴力充斥電視劇中。據《華盛頓郵報》一九九六年二月六日報導，加利福尼亞大學等四所大學的傳播研究人員，對一九九四至一九九五年間兩千五百個小時的電視節目進行調查分析後發現：57％的節目含有暴力內容，73％的暴力行爲沒有受到懲罰，一些有線電視臺宣揚性和暴力的節目甚至高達85％。對此，布熱津斯基（Z. Z. Brzezinski）認爲，大衆媒介所傳播的價值觀念一再表明，它完全有理由可被稱之爲道德敗壞和文化墮落。在這方面電視尤其是罪魁禍首。電視不但刺激了全球觀衆在物質上的攀比欲望，還引發了全球範圍內的精神危機。電視頌揚自我滿足貪婪，告訴人們如何迅速發達致富。於是，持久的信仰原則被時髦的口號所取代，無所不包的信條則讓位給空洞的渴求。自我約束讓位給暴力，自我控制則被腐敗

所取代。大家都談賺錢，人人追求享受，甚至連宗教也變得一文不值。主張「上帝已死」，這「並不是因為官方宣傳的無神論戰勝了宗教，而是因為除了眼前的和物質的生活欲望之外，對一切都漠然置之的文化腐蝕性的後果」。

　　不管布熱津斯基此說是否危言聳聽，電視確實強化了人與現實之間的景觀夢幻，這是不爭的事實。電視是一種平面的時間性存在。電視的傳播方式決定了它的節目無法反覆觀看、挑選、咀嚼。觀眾實際上處於無法自主的地位，批評者則根本無法存在。人們任由「遙控器」來遙控自我的選擇，從某些節目中尋求自我的滿足，以填補自己迷失的心理或生活空間。觀看體育直播為了一圓自己的運動和體魄健壯的夢想；關注「脫口秀」（訪談節目）則可一圓自己出人頭地的夢想；「追星」和「發燒」使自己也有如臨其境、如見其人的感受；性的節目滿足人們「偷窺」和占有的欲望；暴力則會令弱小的觀眾一逞強悍。人們為了「看」而看，本質意義上則是視覺功能的進一步退化：眼球隨畫面而機械地閃動，難以判斷畫面的真實性和實質含義，用審美「奇觀」代替「知」的景象。《大趨勢》一書的作者奈斯比特（John Naisbitt）認為，使地球變成地球村有兩次重大發明——一是噴氣式飛機，二是通訊衛星，後者尤其重要。電視媒體借助通訊衛星的巨大傳載量和逼真的畫面，使人們置身於活動場景的汪洋大海之中，給不善游泳的人們出了一道難題：不但要屏住呼吸沈浸其中，還要時不時露出水面，要不然就會進入缺氧狀態。如果有的人因此而患上感冒，它一流行起來，即使不會使人人都染上，也會使不少人噴嚏連連。用朦朧的雙眼去環顧霧靄重重的周遭，誰知道火光在哪裏閃現，誰知道自己究竟游向何方？它難免使人產生錯覺，以為自己游

的方向就是自己需要的方向。

美國學者托尼·貝內蒂（Tony Bernetti）曾說：「電視機」不是把電晶體、電線硬塞進塑膠或木櫃裏的東西。當周圍沒人的時候，它是你眞正的夥伴；在你志得意滿的時候，它伴你放聲高唱；在你失意無聊、孤獨無助的時候，它也會給你些許的撫慰。

人們深感電視衝擊波對生活帶來的影響，一些「覺悟者」幡然醒悟，不願再做電視的俘虜，沙發馬鈴薯一躍成爲鬥士。在美國加利福尼亞州的華森維麗，一些公立學校的學生每年都有一次「戒電視日」活動，在每年的五月七日，數百名學生要在公共墓地參加一次電視葬禮，同時宣誓要戒絕收看電視的「惡習」。電視氾濫的確使學生們難以自拔，不斷有報告指出，電視影響了學生的視力，影響正在生長發育的青少年的體重、性格、對人生的態度等等，最直接的影響是學習成績下降。因此，在電視葬禮上，一臺彩色電視機被安放在靈柩中準備埋葬，而前一年被埋葬的電視機的墳墓上還撒滿了鮮花。一位小學生代表全體宣讀祭文：「我非常不願意承認這個事實，不過，我不看你，我會過得比較好一點，我的成績提高了，我也有更多的時間陪伴我的家人和朋友。」這些孩子的戲劇性舉動當然是出於成年人的指使。但富於諷刺意味的是，這個活動照例要受到電視記者的採訪；而當「埋葬電視機」的電視新聞在地方電視臺播放的時候，那群參加過「葬禮」的學生則滿懷熱情地圍坐在家中的電視機前，尋找自己的光輝形象。

「培養」理論被認爲「可能是有史以來對電視效果所做的最長期及最大規模的研究」[19]，故對電視這一傳媒的傳播效果的獨特優勢，有深入系統的認識：其一，指出了電視與受眾接觸

的廣泛和接觸的時間長的優勢；其二，電視具有視聽合一的優勢，擁有強烈的目擊感、現場感，故具有更大的感染力；其三，現代人從幼年時代就與電視生活在一起，故難以把「電視中的世界」與現實世界加以區別。如此等等，的確道出了電視媒介特殊的傳播效果。

如果說「培養」理論存在某些局限性的話，那麼，最主要的就是對大眾傳媒所構造的「擬態現實」作用於人們頭腦中的「主觀現實」的力量過分強調。李普曼把「現實」分爲三種：一是實際存在的「客觀現實」，二是傳播媒介構造的「擬態現實」（即「虛擬環境」），三是人們頭腦中的「主觀現實」。這三者是有著複雜的聯繫的。人們頭腦中的「主觀現實」，即來自「客觀現實」，也會受到「擬態現實」的影響。不同的情況下這三者的影響是不一樣的。特別是在一些常識性問題上，人們是難以被大眾傳媒所左右的。

充其量來說，大眾傳播媒介特別是像電視，即使能將一些受眾「培養」成「甕中人」，但絕不可能對所有的人都「請君入甕」；有些人即使進入了「甕中」，他也可能跳出「甕外」，呼吸一下現實生活中的清新空氣，看看「甕外」世界的精彩與無奈。

註　釋

[1] 俞燕敏、鄢利群，《無冕之王與金錢——美國媒體與美國社會》，頁16、17，中國社會科學出版社，2000年版。

[2] 徐光春，〈注意正面宣傳中的負面效應〉，《新聞戰線》，1995年第12期。

[3] 郭慶光，《傳播學教程》，頁206，中國人民大學出版社，1999年版。

[4] 參見郭慶光，《傳播學教程》，頁207，中國人民大學出版社，1999年版。

[5] 李普曼，《輿論學》，頁68，華夏出版社，1989年版。

[6] 轉引自沃納·賽佛林、小詹姆斯·坦卡德，《傳播理論起源、方法與應用》，頁248，華夏出版社，2000年版。

[7] 馬克斯韋爾·麥庫姆斯，〈製造輿論：新聞媒介的議題設置作用〉，《國際新聞界》，1997年第5期。

[8] 陳力丹，〈媒介對輿論的社會控制機制——沈默的螺旋〉，《國際新聞界》，1998年第1期。

[9] 陳紅梅，〈試析網路傳播對受眾接近權的突破〉，《新聞記者》，2001年第12期。

[10] 沃納·賽佛林、小詹姆斯·坦卡德，《傳播理論起源、方法與應用》，頁274，華夏出版社，2000年版。

[11] 劉繼純，《大眾傳媒與農村現代化》，丁柏銓主編，《新聞傳播論壇》，第5輯，頁80，南京大學出版社，2000年。

[12] [美]戴安娜·克蘭，《文化生產：媒體與都市藝術》，頁21～22，譯林出版社，2001年版。

[13] 沃納·賽佛林、小詹姆斯·坦卡德，《傳播理論起源、方法與應用》，頁287，華夏出版社，2000年版。

[14] 胡志毅，《現代傳播藝術——一種日常生活的儀式》，頁51，浙江大學出版社，1997年版。

[15] 潘知常，《反美學》，頁178，學林出版社，1995年版。

[16] W. J. 波特，〈教化理論及研究〉，見常昌富等編選《大眾傳播學：影響研究範式》，頁174，中國社會科學出版社，2000年版。

[17] 沃納·賽佛林、小詹姆斯·坦卡德，《傳播理論起源、方法與應用》，頁292，華夏出版社，2000年版。

[18] 時統宇，《電視影響評析》，頁152，新華出版社，1999年版。

[19] 沃納·賽佛林、小詹姆斯·坦卡德，《傳播理論起源、方法與應用》，頁292，華夏出版社，2000年版。

7. 結語

　　美學家李澤厚在他的《美的歷程》一書中的「結語」中說：「對中國古典文藝的匆匆巡禮到這裏就告一段落。跑得如此之快速，也就很難欣賞任何細部的豐富價值。但不知鳥瞰式的觀花，能夠獲得一個雖籠統卻並不模糊的印象否？」

　　此刻我們也想用類似的話語來表達我們同樣的心情。正如本書第一部分所說，傳播學的研究是集多學科於一身的一個博大體系，如果不是拉斯威爾將它劃分爲五大塊，面對這浩淼的疆域，眞不知從何談起。

　　在短短的篇幅中，我們力圖將傳播學研究的主要成果介紹給讀者，讓讀者初步建立起傳播學的基本概念與知識體系。

　　傳播學並不是一門深奧難懂的學問。也許您在每天的傳播中，都在不斷地總結自己的傳播經驗，有不少感性的認識。傳播學實在是一門趣味性很強的學問，人們生活中的許多現象，都可從傳播學的角度獲得有趣的解釋。所以，寫作此書，我們的一個最基本的想法是，一定要在介紹學科知識的同時，體現這門學科的趣味性特點。

　　親愛的讀者，關於傳播學的介紹匆匆至此就要結束了。讀了我們的這些文字，如果你明白了「傳播學是什麼」，那麼，我們就做了一次成功的傳播活動。

　　回顧一下我們這次傳播的全過程吧：

　　我們作爲本書的作者，是這次傳播活動中的傳播者。我們要向諸位傳播的資訊，就是本書題目所示：傳播學是什麼。當我們接到這個任務時，我們首先考慮到，在傳播活動中，傳播者的身分權威與否，這是至關重要的。我們先自我發問，我們具備這種權威身分嗎？在這一自身傳播過程中，我們意識到也許我們身分不夠權威，但我們是在轉述傳播學研究領域專家權

威的理論觀點，或者說，我們是在將權威的觀點加以整理彙
集，再做通俗化的介紹。讀者可以發現，在每一章的前面，我
們還附有兩段傳播學家的語錄。這樣做的目的，我們有多重考
慮，但潛意識中恐怕也有為自己的文章抹些權威色彩的因素。
在本書的第二章中「伯樂相馬與啞巴賣刀」裏，我們對這種傳
播策略有過討論。

　　傳播活動雖然與你形影相隨，司空見慣，但一旦上升到理
論的高度，便有了抽象性。將抽象的理論還原到人類豐富的傳
播活動中來闡述，深入淺出地介紹好傳播學的知識，是我們在
編碼時著重考慮的問題。本書如果說有什麼特色的話，這就
是。我們知道，人類創造的傳播方式非常豐富，豐富的傳播方
式彼此可以相互彌補，從而表達出人類豐富的思想與情感。在
這裏，我們無法用「秋波」一類的體語符號，也不能「言之不
足，故嗟歎之」，更不能詠歌之，或手之舞之，足之蹈之。我們
選擇的是印刷媒介，故只能老老實實地在紙上談「兵」。猶太人
不是說文字裏有魔鬼嗎？的確，文字的表達是很有張力的，人
類文明史上的精華莫不是以文字的形式保留下來並傳播開去
的。

　　但文字符號在表意上也不是萬能的，它有其局限性，要不
中國的老子為何會說出「道可道，非常道」的話，西方的維根
斯坦會說「在言語中表達的東西，我們不能用語言表達出來」
呢？

　　閱讀西方學者的傳播學著作會發現，除了文字符號外，他
們往往喜歡用圖表來形象展示，如懷特的把關模式、紐曼的沈
默的螺旋理論等等。透過寥寥幾筆，抽象的理論頓時生動形象
起來。善於運用圖表，也許正是傳播學家們一種自覺的傳播本

領。這一點給我們重要啓示，所以，在本書中，除了用文字符號外，我們也借鑒了一些圖表，用多種符號來傳播傳播學理論的精要。

作爲本書的作者，我們所做的就是這些了。但一個完整的傳播活動還只是剛剛開始。

本書的編輯，作爲這次傳播活動的把關人，會對我們交付給出版社的稿件進行認眞審讀，對資訊進行過濾、選擇。出版社的美編還會爲本書設計出一個最佳的版式，配上最合適的封面。孔子說：「言之無文，行而不遠。」一本書沒有一個得體的書衣，是不會受讀者靑睞的。傳播中很講究「首因效應」，即第一印象。社會學家的調查和實驗表明，陌生人初次見面時，對方外表所具有吸引力的係數爲零點八七，遠高於對方的個性、興趣等相關係數。據說在美國前總統雷根舉行的記者招待會上，若要引起雷根注意而被邀請提問題，記者就得穿紅色衣衫。《華爾街時報》發現了這一秘密：要想引起雷根總統注意，就得穿上總統夫人喜歡的顏色的衣服。其實中國「買櫝還珠」的例子更誇張地說明了這一點。據《韓非子・外儲說左上》記載，有楚國人到鄭國去賣珍珠，把珍珠放在一個裝飾得非常華貴的匣子裏，鄭國人不識貨，買下了匣子，退還了珍珠。可見外在形式有多麼重要。傳播學中的媒介研究，對此類現象有濃厚的興趣。

讀者您購到此書，您就成爲這項傳播活動的接受者了。由於是透過媒介傳播，傳播者與接受者不能直接見面，接受者接受資訊的情況，也不能直接反饋給傳播者。所以我們不知讀者您閱讀本書後的感受如何。好在現代傳播媒介——網路給我們提供了一個易地交流的平臺，您可以把您的意見透過網路發電子

郵件給我，我的電子信箱地址是：guo-guanghua@yahoo.com。

　　分析讀者反饋來的資訊，我們可以大致知道這次傳播的效果如何了。傳播效果是具有多層性的。有些訴諸情感，有些訴諸理智。您在閱讀這本書的時候，如果文字的表達能吸引您，一些典故事例能讓您會心微笑，這就有了初步的效果了。當然，一本知識性的讀物絕不止於讓人開懷大笑而已，知識的傳授是主要目的。當您在輕鬆愉快的閱讀中，獲得了對傳播學知識的瞭解，並且在此基礎上，引發您對傳播現象和傳播學的研究興趣，我們就獲得多層的傳播效果了。

　　爲了方便讀者對傳播學的進一步研究，我們還在此提供一份閱讀書目單：

[美]偉伯·施蘭姆、威廉·波特著，陳亮、周立方、李啓譯，
　　　《傳播學概論》，北京：新華出版社，1984年版。

[英]丹尼斯·麥奎爾、[瑞典]斯文·溫德爾著，祝建華、武偉
　　　譯，《大衆傳播模式論》，上海：上海譯文出版社，
　　　1987年版。

[美]弗雷德·賽佛林、西奧多·彼德森、韋爾伯·斯拉姆著，中
　　　國人民大學新聞系譯，《報刊的四種理論》，北京：新
　　　華出版社，1980年版。

[美]沃納·賽佛林、小詹姆斯·坦卡德著，郭鎮之等譯，《傳播
　　　理論起源、方法與應用》（第四版），北京：華夏出版
　　　社，1980年版。

[美]梅爾文·德弗勒等著，杜力平譯，《大衆傳播學諸論》，北
　　　京：新華出版社，1990年版。

郭慶光著，《傳播學教程》，北京：中國人民大學出版社，1999

年版。

戴元光、邵培仁、龔煒著，《傳播學原理與應用》，蘭州：蘭州
　　大學出版社，1998年版。

李彬著，《傳播學引論》，北京：新華出版社，1993年版。

後　記

　　傳播學是一門年輕的學科，但從它一誕生起，就表現出非常強旺的生命力。當初，傳播學廣泛吸納多學科的研究成果脫穎而出，如今，傳播學的許多研究成果又被其他學科吸納。學術研究就是在這種互相滲透互相支持的運動中壯大成長的。

　　從一些比較淺顯的讀物入手，產生對一門學科的興趣，這恐怕是我們大多數人獲取知識的慣常途徑：由淺入深，由近及遠。有人說過，入門既不難，深造也是辦得到的。本書雖只是一本入門式的讀物，如果讀者因此而產生了對傳播學科的探索興趣，那麼，你就一步踏入了傳播學科殿堂的大門裏了。即使你無暇去專攻傳播學，這本書提供的資訊，也足以爲你「掃盲」，足以讓你與行家對話了。

　　這是我第一次寫這類通俗性讀物，不足之處，祈望讀者與專家指正。書中借鑒了許多專家的成果，有些已在書中註明，在此再特別表示謝意！第四、五章的部分內容由我的碩士研究生吳志文寫出初稿，經我反覆修改而成。

　　感謝《北京大學學報（哲學社會科學版）》主編龍協濤教授的熱情邀請，使得我們有機會參與本書的寫作。

郭光華
二〇〇三年五月於長沙

人文社會科學叢書 14

傳播學是什麼

作　　者／郭光華

出　版　者／揚智文化事業股份有限公司

發　行　人／葉忠賢

總　編　輯／林新倫

執行編輯／陳怡華

登　記　證／局版北市業字第 1117 號

地　　址／台北市新生南路三段 88 號 5 樓之 6

電　　話／(02)2366-0309

傳　　真／(02)2366-0310

郵撥帳號／19735365　葉忠賢

網　　址／http://www.ycrc.com.tw

E-mail／service@ycrc.com.tw

印　　刷／鼎易印刷事業股份有限公司

法律顧問／北辰著作權事務所　蕭雄淋律師

ＩＳＢＮ／957-818-586-3

初版一刷／2004 年 2 月

定　　價／新台幣 300 元

國家圖書館出版品預行編目資料

傳播學是什麼＝What is communication？／郭
光華著. -- 初版.---臺北市：揚智文化，2004
〔民93〕
　　面：　公分.--（人文社會科學叢書：14）

　　ISBN 957-818-586-3（平裝）

　　1.傳播

541.83　　　　　　　　　　　　92020744

What Is Communication?

What Is Communication?

What Is Communication?

What Is Communication?

What Is Communication?